DIEZ NEGRITOS

AGATHA CHRISTIE

Títulos publicados

DIEZ NEGRITOS

AGATHA CHRISTIE

**EDITORIAL
MOLINO**

SELECCIONES DE BIBLIOTECA ORO

Título original:
TEN LITTLE NIGGERS
© 1939, 1940 by Agatha Christie Mallowan

Traducción:
ORESTES LLORENS

© EDITORIAL MOLINO
Calabria, 166 - 08015 Barcelona

Depósito legal: B. 46.254-1997
ISBN: 84-272-0015-3

Impreso en España   Printed in Spain

LIMPERGRAF, S. L. — Calle del Río, 17 nave 3 — Ripollet (Barcelona)

Capítulo primero

Confortablemente instalado junto a la ventanilla del compartimiento de primera clase del vagón en que viajaba, el juez Wargrave, jubilado hacía poco, echaba bocanadas de humo de su cigarro, recorriendo además con mirada sagaz las noticias políticas del *Times*.

De pronto, dejó el periódico sobre el asiento contiguo y echó un vistazo al exterior. En este momento el tren atravesaba el condado de Somerset. El juez consultó su reloj; todavía le quedaban dos horas de viaje.

Recordó entonces los artículos publicados en la prensa sobre el asunto de la isla del Negro. Hablaban de un millonario americano, loco por las cosas del mar, que había comprado esta pequeña isla y construido en ella una lujosa y moderna residencia. Desgraciadamente, la tercera esposa de este rico yanqui no tenía aficiones marinas y, por ello, la isla, con su espléndida mansión, fueron puestos a la venta. La prensa diaria se hizo eco de esta operación con una persuasiva e insistente publicidad. Un buen día se supo que la isla la había adquirido un tal mister Owen.

Las habladurías más fantásticas no tardaron en circular por la prensa londinense. Se rumoreaba que la isla del Negro había sido adquirida en realidad por miss Gabrielle Turl, la famosa estrella de Hollywood que deseaba descansar algunos meses lejos de los indiscretos reporteros que la asediaban. *The Worker Bee* (La abeja obrera), el competente rotativo, llegó a insinuar, delicadamente, eso sí, que aquella era una morada digna de una reina. *Merry Weather* mencionó que la isla había sido comprada por una pareja deseosa de pasar allí su luna de miel. Incluso, se rumoreaba que lord L... fue alcanzado por las flechas de Cupido. *Jonas* afirmaba que la isla del Negro había caído en manos del Almirantazgo británico que quería dedicarla a experiencias altamente secretas.

En breve, la isla del Negro se convirtió aquella temporada en un maná para los periodistas faltos de información.

El juez sacó de su bolsillo una carta cuya escritura era, por así decirlo, ilegible; pero las frases, desperdigadas e inconexas, se destacaban unas más que otras con cierta claridad.

Mi querido Lawrence... después de tantos años de haberme dejado sin noticias... Venid a la isla del Negro... un sitio verdaderamente encantador... tenemos

*tantas cosas para contarnos... de tiempos pasados...
en comunión con la naturaleza... tostarse al sol... a las
12.40 salida de Paddington... a...*

Y la carta terminaba así:
Siempre vuestra,
CONSTANCE CULMINGTON
y adornaba su firma con una gran rúbrica.

El juez Wargrave intentó recordar la fecha exac-
ta de su último encuentro con lady Constance Culmington; debía de remontarse a siete u ocho años
atrás. La joven volvía a Italia para tostarse al sol, co-
mulgar con la naturaleza y los *contadini*(1). Más tarde oyó contar que había proseguido su viaje hasta
Siria, donde quizá se permitió tostarse bajo un sol
más ardiente todavía y «comunicarse» con la naturaleza y los beduinos.

«Constance Culmington –se dijo el magistrado
recientemente jubilado– es una mujer capaz de
comprarse una isla y rodearse de misterio.» Aprobó
sátisfecho la lógica de su argumentación y, reclinan-
do la cabeza, se dejó mecer por el movimiento del
tren. Y se adormeció.

Vera Claythorne, sentada en un vagón de tercera,
en compañía de otros pasajeros, cerraba los ojos con
la cabeza recostada hacia atrás. ¡Qué calor más so-

---

1. Aldeanos, labriegos.

focante hacía dentro de aquel compartimiento...!
¡Qué bien se estaría a orillas del mar! La actual situación constituía para la joven una verdadera suerte. ¡Imagínate! Cuando se solicita un empleo para los meses de vacaciones, lo normal es que te contraten para vigilar niños. En cambio, las plazas de secretaria, en esta época estival, se presentan muy de tarde en tarde; tanto es así que la oficina de colocación ni siquiera le dio una mínima esperanza.

Pero por fin llegó la esperada carta.

La agencia de colocaciones profesionales me propone su nombre y me la recomienda calurosamente. Creo entender que la directora la conoce personalmente. Estoy dispuesta a concederle los honorarios que usted solicita y cuento con que podrá entrar en funciones el 8 de agosto. Tome el tren de las 12.40 en Paddington y se la irá a recibir a la estación de Oakbridge. Le adjunto cinco libras para sus gastos de viaje.

Sinceramente suya,
UNA NANCY OWEN

En la cabecera de esta carta se consignaba la dirección del remitente:
Isla del Negro, Sticklehaven (Devon)

¡La isla del Negro! ¡Tanto que se habían ocupado de ella los periódicos! Toda suerte de murmuraciones y de rumores extraños circulaban motivados por este pedazo de tierra rodeado de agua. Sin duda, no habría nada de verdad en ellos. De todas maneras, la casa, construida bajo la dirección de un millonario americano, era, al parecer, el último grito en lujo y confortabilidad.

Vera Claythorne estaba muy fatigada por su último trimestre de clases.

«La posición de una profesora de cultura física de una escuela de tercer orden no es muy brillante... Si por lo menos pudiese encontrar un empleo en un establecimiento mejor... Aunque debería considerarme dichosa... –pensó con el corazón oprimido–. La gente, por lo regular, no quiere tener en sus casas a una persona que ha sido procesada... aunque luego haya sido absuelta.»

Hasta el fiscal la había felicitado por su presencia de ánimo y su serenidad. En suma, el juicio le fue favorable. La señora Hamilton le había testimoniado su gran afecto. Solamente Hugo... pero ella no quería pensar en Hugo.

De súbito, a pesar del calor sofocante que reinaba en aquel compartimiento, se estremeció y deseó encontrarse a la orilla del mar. En su mente se dibujaba un cuadro con toda claridad: Veía la cabeza de Ciryl subir y bajar de la superficie del agua y dirigirse hacia las rocas. Aparecía y se sumergía... y ella misma, Vera, nadadora experta, se reprochaba por eso, al hendir fácilmente las olas, aunque persuadida de que llegaría demasiado tarde...

El mar... sus aguas profundas, cálidas y azuladas... las mañanas que pasaron tendidos sobre la arena. Hugo... Hugo... el hombre que le había vendido su amor.

Era imprescindible no pensar más en él.

Abriendo los ojos, miró desabridamente al viajero sentado frente a ella, un hombretón de cara bronceada, ojos claros y boca arrogante, casi cruel.

«Apostaría a que este hombre ha recorrido el mundo y visto cosas sumamente interesantes», pensó.

Philip Lombard juzgó de una sola ojeada a la joven que se sentaba frente a él.

«Encantadora –pensó–. Quizá con demasiado aspecto de institutriz. Pero una mujer con la cabeza erguida es, sin duda, muy capaz de defenderse, tanto en el amor como en la guerra.»

Procuraría portarse bien.

Puso el ceño adusto. No. Inútil pensar en tonterías. Los negocios ante todo. Era preciso que concentrara toda la energía en su trabajo.

El pequeño judío se había mostrado excesivamente misterioso. ¿De qué se preocupaba?

—Hay que tomarlo o dejarlo, capitán Lombard –le había dicho.

—¿Cien guineas? –le respondió con gesto indiferente, como si cien guineas no significasen nada para él. ¡Cien guineas, ahora que no contaba con recursos! Adivinó, sin embargo, que el pequeño judío no era cándido; el problema con los judíos es precisamente nuestra impotencia para engañarlos en materia de dinero. Parecen leer nuestros pensamientos–. ¿No puede usted facilitarme unos informes más amplios? –le pidió sin ambages.

Mister Isaac Morris había sacudido con energía su pequeña cabeza calva.

—No, capitán Lombard, las cosas son así. Para mi cliente, usted es una buena persona, acorralada en un callejón sin salida. Estoy autorizado para entregarle la suma de cien guineas y, en reciprocidad, usted debe ir a Sticklehaven, en Devon. La estación más próxima es Oakbridge; desde allí será conducido en automóvil hasta Sticklehaven y luego una lancha le llevará a la isla del Negro. Al llegar, usted se pondrá de inmediato a disposición de mi cliente.

—¿Por mucho tiempo? –le preguntó muy bruscamente.

—Una semana, a lo más.

Atusándose su corto bigote, el capitán Lombard hizo observar:

—Queda bien entendido que no se me exigirá ningún trabajo ilegal, ¿no es cierto?

Al pronunciar estas palabras, Lombard lanzó una rápida mirada a su interlocutor. Una ligera sonrisa había aflorado a los labios carnosos del pequeño individuo.

—Con toda seguridad –respondió seriamente éste–. Si se le pidiera alguna cosa ilegal, quedaría en completa libertad para retirarse.

«¡Al cuerno este judío meloso! –pensó Lombard–. Ha sonreído. A buen seguro sabe que en mi pasado no todos mis actos han revestido los elementos de legalidad requeridos.»

Los labios de Lombard se entreabrieron en una mueca de autocomplacencia.

¡En una o en dos ocasiones había faltado poco para que lo ahorcaran, pero siempre se había librado! ¿Para qué, pues, atormentarse anticipadamente, si en la isla del Negro contaba con darse buena vida?

En un departamento de no fumadores del mismo tren, miss Emily Brent permanecía sentada, con el busto erguido, según su costumbre. Aunque tenía sesenta y cinco años, reprobaba toda negligencia y abandono. Su padre, coronel de la antigua escuela, siempre se había mostrado acicalado y meticuloso en su atuendo.

La generación actual alardeaba de un vergonzoso desenfreno tanto en las actitudes como en las demás cosas.

En aquel vagón de tercera clase, abarrotado de viajeros, la rigidez y principios de miss Brent, envuelta en una aureola de honestidad, triunfaban sobre la falta de confortabilidad y el calor excesivo. En estos tiempos la gente ve dificultades y obstáculos que creen insalvables por todas partes. Se prefiere una inyección antes de dejarse arrancar una muela; se toma un soporífero si el sueño no llega inmediatamente; se arrellanan en las butacas entre mullidos cojines; se exhiben en las playas durante los veranos...

Miss Brent, con los labios fruncidos, hubiera querido dar lecciones a ciertas gentes.

Ella recordaba sus vacaciones del año anterior. Este año sería diferente. La isla del Negro...

En su imaginación releía una vez más la carta que, a costa de tanto leerla, se sabía de memoria.

Querida miss Brent,

Espero que se acordará de mí. Hace algunos años pasamos juntas el mes de agosto en una pensión familiar, en Bellhaven... ¡Y nos descubrimos tantos gustos afines!

En este momento tengo la idea de establecer una pensión similar en una isla cerca de la costa de Devon. Siempre he pensado que, para alcanzar el éxito en esta clase de empresas, se precisa una materia prima sencilla, pero excelente, y la presencia de una persona amable de la vieja escuela. ¡Nada de desnudeces y gramófonos a medianoche! Yo estaría encantada si quisiera hacer sus preparativos para venir a pasar estas vacaciones de verano en la isla del Negro, sin retribución alguna, tan sólo a título de invitada. ¿A principios de agosto, le convendría...? ¿Y si fijásemos ya el día 8?

Con mis mejores recuerdos, sinceramente suya,
U. N. O.

«¿Qué nombre será éste? Además, la rúbrica con

qué firma no me aclara nada... –Emily Brent tenía poca paciencia y, acto seguido, se hizo esta observación–: ¡La gente firma tan mal que no hay medio de descifrar...!»

Y esto pensando, pasó revista a los huéspedes de Bellhaven, donde hacía más de dos años ella había pasado el verano... Había una gentil mujer de edad madura que se llamaba... ¿Cómo se llamaba...? Señora... Veamos, era hija de un canónigo, y después aquella miss Olton... Ormen... No. Decididamente se llamaba Oliver. Sí, sí, estaba bien segura, miss Oliver.

¡La isla del Negro! Se había hablado mucho de ella en los periódicos, a propósito de una actriz de cine... ¿O quizá mejor de un millonario americano? Total, una isla no cuesta un ojo de la cara y tampoco es del gusto de todos.

La idea de habitar en una isla parece muy romántica pero una vez instalados en ella se trata de olvidar los disgustos y sentirse dichoso de poder desembarazarse de ellos.

Sus rentas se reducían más y más cada día. Buena parte de ellas eran eran cada día más difíciles de cobrar, por lo que apreció su buena suerte por esta invitación.

«Sea como fuere, este año mis vacaciones no me costarán nada –pensó Emily Brent a manera de conclusión–. ¡Si por lo menos mi memoria me permitiera recordar mejor a la señora o señorita... –no podía precisarlo–... Oliver!»

El general MacArthur se asomó a la ventanilla de su compartimiento. Estaban llegando a Exeter, donde el bravo general debía cambiar de tren. ¡Esos trenes de líneas secundarias avanzan con una lentitud más propia de los caracoles! ¡Y pensar que, a vuelo de pájaro, la isla del Negro está tan cerca!

No sabía de fijo quién era el llamado Owen. Parecía que se trataba de un amigo de Spoof Leggard y de Johnnie Dyer...

—Uno o dos de sus viejos camaradas serán de los nuestros – le había dicho–, y se sentirán encantados de charlar con usted de los tiempos pasados...

A fe que no deseaba mejor ocupación que evocar el pasado en alegre compañía.

En esos últimos tiempos se había imaginado que sus amigos lo eludían. ¡Y todo a causa de esas chinchorrerías! ¡Dios mío! La píldora era dura de tragar. Aquello se remontaba a más de treinta años. Armitage no habría sabido contener su lengua. ¿Qué sabía aquel charlatán? ¿A qué tanto alboroto? Uno se figura un montón de cosas y se imagina que los otros lo miran de reojo.

Después de todo, le agradaría ver aquella isla del Negro que tanto espacio ocupó en las crónicas periodísticas. Probablemente algo habría de verdad en el rumor que se difundió, según el cual el Almirantazgo, el departamento de Guerra y la Aviación se habrían adueñado del lugar.

El joven Elmet Robson, el millonario americano, había construido una magnífica morada que, a buen seguro, hubo de costarle unos miles de libras esterlinas. Un lujo difícil de imaginar.

¡Exeter! ¡Una hora de parada! Impaciente, el general MacArthur hubiera deseado continuar ya.

El doctor Armstrong conducía su auto a través de la llanura de Salisbury. Se sentía fatigado... «La gloria se paga», pensó. Hubo un tiempo en que pasaba el día sentado tranquilamente en su gabinete de consulta de Harley Street(2), correctamente vestido, rodeado de los más modernos aparatos y de los muebles más lujosos, esperando conocer el éxito o el fracaso de sus esfuerzos.

¡Pero ya había triunfado! ¡La suerte le había sonreído! La suerte, secundada por su saber, vale decirlo. Conocía admirablemente su oficio... aunque esto no siempre fuese suficiente para triunfar. Era preciso contar también con el factor suerte. ¡Y la suerte llegó! Un diagnóstico acertado a dos damas de la mejor sociedad, y la gratitud que ambas le profesaron bastó para afianzar su reputación.

—Debéis acudir a la consulta del doctor Armstrong. Se trata de un joven sumamente hábil e inteligente. Pam ha sido visitada durante dos años por toda clase de médicos, ¡y sólo él ha descubierto la causa de su mal!

Y así había empezado la bola de nieve.

Actualmente, el doctor Armstrong era el médico

2. Calle de Londres donde viven los médicos famosos.

de moda. No disponía de un minuto para él. Tenía todos los días ocupados. Así, en esta deliciosa mañana de agosto, disfrutaba al dejar Londres para ir a pasar algunos días en una isla situada en las costas de Devon, al suroeste de Inglaterra.

No necesitaba el permiso de nadie para ausentarse. La carta que recibió estaba redactada en términos muy vagos, pero nada de vago tenía el cheque que la acompañaba. ¡Unos honorarios fabulosos! Decididamente, esos Owen nadaban en oro. El marido, al parecer, se atormentaba a causa de la salud de su esposa y quería saber a qué atenerse respecto a la naturaleza de la enfermedad sin que la señora Owen concibiese ninguna alarma. Ella rehusaba ser visitada por un médico. Sus nervios...

¡Los nervios! El médico levantó las cejas. ¡Las mujeres y sus nervios! Al fin y al cabo, desde un punto de vista más comercial, él cometería una tontería si las compadeciera. La mitad de las mujeres que iban a su consulta no sufrían otra enfermedad que el aburrimiento... ¡pero por qué decírselo! Se puede achacar a otras causas... «*Un ligero trastorno debido a...* (aquí una palabra científica larga y complicada) *nada importante, pero es preciso ponerle remedio. Un tratamiento de lo más sencillo.*»

En medicina, por lo general, es la fe la que cura. Y el doctor Armstrong conocía el mejor tratamiento: inspiraba confianza y transfería esperanza a sus pacientes.

Tras un toque estridente de claxon, un enorme

«Super Sport Daimler» le pasó a una velocidad de ciento treinta kilómetros. Le faltó poco al doctor Armstrong para no ser lanzado a la cuneta. Uno de esos jóvenes imbéciles que devoran la carretera. No podía sufrirlos. Cretinos, idiotas...

Anthony Marston pasaba como una tromba por el pueblecito de Mere.

«¡Es espantoso el número de bañistas que se arrastran por la carretera y nos impiden adelantar! –se decía–. ¡Es el colmo que circulen por el centro de la calzada! ¡Así se hace imposible conducir un auto en Inglaterra! ¡Habladme de Francia, allí sí se puede correr a gran velocidad!»

¿Sería mejor detenerse y tomar un refresco, o proseguir el viaje? Tenía mucho tiempo y sólo le faltaba recorrer un centenar de kilómetros. Pediría una ginebra y una gaseosa. ¡Qué calor tan sofocante...!

Si persistía el buen tiempo, se divertiría en aquella isla. «¿Quiénes serán esos Owen? Sin duda, unos nuevos ricos. ¡Con tal de que tengan una bodega bien surtida! Nunca se puede estar seguro de cómo reaccionarán esos ricos de nuevo cuño... Lástima que estos rumores concernientes a la compra de la isla por Gabrielle Turl carezcan de fundamento. ¡Hubiera sido excitante unirse a los adoradores de la hermosa actriz! Pero quizás encuentre algunas lindas muchachas entre los invitados de los Owen...»

Salió del mesón, estiró las piernas y brazos, bostezó, contempló el cielo azul y subió de nuevo en su «Daimler».

Varias muchachas lo observaban. Su metro ochenta de estatura, sus cabellos rizados, su tez bronceada y sus ojos de un azul intenso, suscitaban admiración.

Apoyó su mano sobre la palanca de cambio, rugió el motor y el auto trepó de un brinco la estrecha calleja.

Las viejas mujeres y los chicos de la escuela se apartaban a su paso como medida de precaución, y los pilluelos, subyugados, se desviaban del camino para seguir con la mirada el soberbio auto.

Anthony Marston continuaba su marcha triunfal.

Mister Blove viajaba en el tren procedente de Plymouth. En su compartimiento tan sólo se encontraba otra persona: un viejo con trazas de marino y ojos legañosos, que entonces dormía.

Mister Blove escribía con cuidado en un pequeño cuaderno de notas: «Esta vez mi lista está completa: Emily Brent, Vera Claythorne, doctor Armstrong, Anthony Marston, el viejo juez Wargrave, Philip Lombard, el general MacArthur, C.M.G. D.S.O.(3), y los criados, mister Rogers y su mujer.

3. Miembro de la Orden de San Miguel y San Jorge. Cruz de servicios distinguidos.

Cerró su cuaderno, lo guardó en el bolsillo y echó una mirada a su compañero de viaje.

«Contaba uno de más –se dijo. Tras reflexionar un instante, fue conciso–: El trabajo será de los más fáciles. No hay modo de equivocarse. Confío en que mi aspecto no deje nada que desear.»

Al levantarse, se acercó al espejo del compartimiento y se observó meticulosamente. Su cara, de ojos grises y labios adornados con un fino bigote, ofrecía un aspecto militar.

«¡Palabra! Se me podría tomar por un comandante –observó para sí mister Blove–. ¡Ah, no! ¡Me olvidaba del general! Aquel viejo deshecho no tardaría en desenmascararme... ¡Africa del Sur...! –siguió con su monólogo interior–. ¡Esta, ésta es mi coartada! Ninguna de esas personas ha estado en Africa del Sur y, como yo acabo de leer estos prospectos de viaje, podré hablar del país con conocimiento de causa.

La isla del Negro. Recordaba haber estado allí durante su infancia. Un peñasco nauseabundo, frecuentado por las gaviotas, a mil quinientos metros de la costa. Esta isla debía su nombre a su parecido con una cabeza de hombre... de labios negroides.

¡Graciosa idea la de edificar allí una morada! Es horrible vivir en un islote cuando ruge una tormenta. ¡Pero los millonarios son tan caprichosos!

Su compañero de viaje se despertó.

—En el mar no se puede prever nada –dijo el buen hombre.

—Exacto. Nunca se sabe qué nos espera –replicó mister Blove a manera de consuelo.

—Algo malo –prosiguió el viejo con voz lastimera, sacudido por el hipo.

—No, no, amigo –respondió mister Blove–. Hace un tiempo espléndido.

—Le digo que la tormenta está en aire. –El viejo se enfadó–. La percibo.

—Quizá tenga razón –le dijo mister Blove con un ademán apaciguador.

El tren se detuvo en una estación y el viejo se levantó penosamente.

—Yo me bajo aquí.

Sacudió la portezuela. Al no abrírsele, mister Blove acudió en su ayuda. Pero, antes de bajar al andén, el viejo alzó una mano con gesto solemne y entrecerró los ojos.

—¡Velad y orad! –conjuró–. ¡Velad y orad! ¡El día del Juicio se acerca!

Ya en el andén, se enderezó y levantó la mirada hacia mister Blove.

—Es a usted a quien me dirijo, joven –le dijo con acento digno y severo–. El día del Juicio está muy cercano.

Aislado en su asiento, mister Blove pensó en lo mismo.

«Es cierto, él está más cerca que yo del día del Juicio.»

Pero mister Blove se equivocaba.

Capítulo II

Delante de la estación de Oakbridge había un grupo de personas esperando. Tras ellos estaban los mozos de cuerda.

—¡Jim! –llamó uno de ellos.

El chófer de uno de los taxis estacionados se adelantó unos pasos.

—¿Van ustedes a la isla del Negro? –preguntó con el más dulce acento de Devon.

Cuatro voces respondieron afirmativamente y los viajeros se miraron entre sí. El chófer se dirigió al de más edad, el juez Wargrave.

—Tenemos dos taxis a su disposición. Uno de ellos debe esperar a un señor que llega de Exeter en otro tren, dentro de cinco o seis minutos. Quizás alguno de ustedes quiera esperar un poco y, de esa forma, no irán tan apretados en un coche.

Vera Claythorne, recordando su deber de secretaria, se apresuró a contestar:

—Yo esperaré, si quieren.

Su mirada y su voz, ligeramente autoritaria, dejaban entrever la clase de trabajo que realizaba. Empleaba el mismo tono que si diese órdenes a sus alumnos en un partido de tenis.

—Gracias –dijo miss Brent secamente.

El chófer había abierto la portezuela del taxi, y ella entró la primera; el juez la siguió.

—Yo esperaré con miss... –se atrevió a decir el capitán Lombard.

—... Claythorne –se apresuró a responder ella.

—Yo me llamo Lombard, Philip Lombard.

Los mozos apilaron las maletas sobre el taxi, y una vez en su interior el juez comentó amablemente:

—Tenemos un tiempo espléndido.

—En efecto –respondió miss Brent.

«Un señor muy mayor, pero muy distinguido ¡Qué diferente de las personas que se hospedan en las fondas familiares de las playas baratas! Es evidente que los señores Oliver conocen a mucha gente del gran mundo.»

—¿Conoce esta región de Inglaterra? –preguntó el juez Wargrave.

—Conozco Cornualles, pero es mi primera visita a Devon.

—No importa, tampoco yo conocía esta región.

Su taxi se alejó.

El chófer del otro taxi se dirigió a los dos viajeros que quedaban.

—¿Quieren ustedes sentarse en el coche mientras esperan? – les preguntó.

—De ninguna manera –respondió Vera con autoridad.

El capitán Lombard sonrió.

—Este sitio soleado me gusta mucho –dijo–, a menos que usted prefiera entrar en la estación...

—¡Ah, no! Gracias. ¡Se siente uno tan dichoso de no estar en esos vagones en los que te asas!

—Es cierto; viajar en tren con esta temperatura es lo más desagradable que hay.

—Esperemos que esto dure –añadió Vera, por decir algo–. Hablo del tiempo. ¡El verano de Inglaterra reserva muchas sorpresas!

Philip Lombard hizo entonces una pregunta desprovista de originalidad:

—¿Conoce usted esta parte de Inglaterra?

—No, vengo por primera vez. –Decidida a poner en claro su situación en casa de los Owen, añadió–: No he visto jamás a mi jefe.

—¿Su jefe?

—Sí, soy la secretaria de mistress Owen.

—Ah, comprendo. Eso lo cambia todo.

Vera se echó a reír.

—¿Por qué? Yo no veo que cambie nada. Su secretaria particular se puso enferma, y mistress Owen mandó un telegrama a la agencia para que le consiguieran una sustituta, y me han enviado a mí.

—¿Y si el empleo no le conviene una vez instalada en la casa?

De nuevo Vera se echó a reír.

—¡Oh! Esto sólo es provisional. Una ocupación

para las vacaciones. Yo tengo un empleo estable en
una escuela de niñas. El hecho es que ardo en deseos
de conocer la isla del Negro, tan célebre desde que
los periódicos han hablado de ella. ¿Es a tal punto
fascinadora?

—No lo sé, de veras. No la conozco –respondió
Lombard.

—¡Claro! Los Owen se habrán entusiasmado con
ella. ¿Cómo son? Hábleme de ellos.

Lombard reflexionó un instante. Aquella conversación se ponía difícil. ¿Debía, sí o no, dar a entender que él no los conocía? Decidió cambiar de conversación.

—¡Oh! Tiene una avispa en un brazo. ¡No se mue-
va, por favor! –Para convencer a la joven, hizo como
si fuera a cazar el insecto–. ¡Ya se fue!

—Gracias, muchas gracias. Las avispas abundan
este verano.

—Se debe, sin duda, al calor. ¿Sabe usted a quién
esperamos?

—No tengo la menor idea.

En aquellos instantes oyeron el traqueteo de un
tren que se acercaba.

—¡He aquí el tren que esperábamos!

Un hombre alto, de aspecto militar, apareció a la
salida del andén. Sus cabellos grises estaban corta-
dos casi al rape y exhibía un bigotito blanco muy
bien cuidado.

El mozo, ligeramente vacilante bajo el peso de

una sólida maleta de cuero, le indicó a Vera y Lombard.

Miss Claythorne se adelantó.

—Soy la secretaria de mistress Owen. Tomaremos ese coche. Le presento a mister Lombard.

—MacArthur, general MacArthur.

Con sus ojos azules, fatigados por la edad, el recién llegado juzgó al capitán Lombard. Se hubiera podido leer en ellos esta opinión: «Buen tipo, pero hay algo en él que me desagrada.»

Los tres se instalaron en el taxi, que atravesó las calles solitarias del pequeño pueblo de Oakbridge y enfiló la carretera de Plymouth. A los dos kilómetros, el coche se metió por un laberinto de caminos vecinales, verdeantes, empinados y estrechos.

—Desconozco esta parte de Devon –observó el general–. Mi pequeña propiedad está situada al este del condado, junto a los confines de Dorset.

—Este campo es encantador –comentó Vera–. Las colinas tan verdes y la tierra tan roja forman un contraste agradable a la vista.

—Pues a mí me parece todo demasiado angosto –replicó Lombard un tanto displicente–. Prefiero los espacios donde la vista se pierde en el horizonte.

—Parece como si hubiera viajado mucho –le dijo el general.

Lombard alzó los hombros con gesto despectivo.

—¡Bah! He dado algunas vueltas por el mundo.

Y añadió para sí: «Este viejo militar me va a preguntar ahora si durante la Gran Guerra tenía yo edad para empuñar un fusil. Con esta gente siempre ocurre lo mismo.»

Sin embargo, el general MacArthur no hizo ninguna alusión a la guerra.

Después de haber subido a una colina escarpada, descendieron hacia Sticklehaven por un camino en zigzag. Este pueblecito sólo tenía algunas casuchas, con una o dos barcas varadas en la playa.

Por primera vez contemplaron la isla del Negro que surgía del mar, hacia el sur, iluminada por el sol poniente.

—¡Pero si estamos todavía muy lejos de ella! –exclamó sorprendida Vera.

Se la había imaginado muy diferente, más próxima a la orilla, con una casa blanca; pero no se veía vivienda alguna. Sólo se percibía una enorme silueta rocosa que vagamente se parecía a la cara de un negro. Su aspecto le pareció siniestro, y se estremeció.

Delante de la posada «Las siete estrellas» estaban sentados el viejo juez Wargrave, con su espalda encorvada, y miss Emily Brent, más tiesa que un huso. Les acompañaba un mocetón que, levantándose sin ceremonias, se dirigió a los recién llegados.

—Hemos creído que debíamos esperarlos y hacer el viaje juntos –les dijo–. Permítanme que me presente. Me llamo Davis y he nacido en Natal, en África del Sur.

Su jovial sonrisa le valió una mirada torva del juez Wargrave. Se diría que éste ardía en deseos de ordenar que despejaran la sala del tribunal.

—¿Alguien desea tomar una copita antes de embarcar? – preguntó Davis en tono hospitalario.

Nadie aceptó su invitación.

—En este caso –decidió, levantando un dedo–, no nos demoremos. Nuestros anfitriones deben de estar esperándonos.

Se podía observar un cierto malestar en las caras de los demás invitados, a los que sus últimas palabras parecían haber inmovilizado.

En respuesta a la señal de Davis, un hombre se apartó de la pared más próxima, contra la cual se apoyaba, y se acercó a ellos. Su balanceo al andar revelaba su condición de marino. Tenía la cara arrugada, los ojos sombríos y una expresión soñadora. Les habló con el suave acento de Devon.

—Señoras y caballeros, si lo desean podemos salir en seguida para la isla. La lancha está a punto. Otras dos personas tienen que llegar en auto, pero mister Owen me ha ordenado no esperarlas ya que pueden llegar en cualquier momento.

El grupo siguió al marino hasta un pequeño embarcadero donde estaba amarrada una lancha a motor.

—¡Qué barco más pequeño! –observó Emily Brent.

—Pero no impide que sea excelente. En muy poco tiempo la llevaría a Plymouth, señora.

—¿No somos quizá demasiados? –inquirió el juez Wargrave con aspereza.

—Aún puede llevar doble número de pasajeros, señor.

Philip Lombard al fin se decidió a intervenir.

—¡Oh! Todo irá bien –declaró con voz agradable–. Hace un tiempo soberbio y el mar está en calma...

Sin gran entusiasmo, miss Brent se dejó ayudar para subir al barco. Los demás la siguieron. Hasta entonces no se había establecido ningún vínculo cordial entre los invitados y cada uno parecía estudiar a su vecino.

En el instante en que la lancha iba a zarpar, el marino se detuvo con el bichero en la mano. Por el camino que descendía del pueblo hasta el muelle, circulaba un automóvil a toda velocidad. Era un auto tan potente y de líneas tan perfectas que les causó el efecto de una aparición. Al volante estaba sentado un joven que, a la luz del crepúsculo, parecía un héroe nórdico. El claxon rugió con un ruido infernal que reverberó en las rocas que circundaban la bahía. En este instante fantástico, Anthony Marston parecía estar por encima de los pobres mortales. Esta escena quedó grabada en la mente de quienes fueron testigos de su fugaz paso por aquel pueblecito.

Fred Narracott, el marino, conducía la lancha sentado cerca del motor.

«¡Vaya grupo tan raro! –pensó–. No esperaba que mister Owen invitara a gente así. Creí que serían más elegantes, como las personas que invitaba mister Elmet Robson en otros tiempos: mujeres con bonitos trajes y caballeros con atuendo apropiado para hacer *yachting*, todos ellos ricos e importantes. ¡Qué recepciones tan magníficas daba el millonario! ¡El champaña corría a torrentes!»

Mister Owen debía ser una persona diferente por completo. Fred se extrañaba de no haberlo visto jamás, ni a su esposa tampoco. Nunca venían al pueblo. Todos los encargos eran hechos y pagados por mister Morris. Las instrucciones eran siempre claras y concisas, y el pago, al contado. Claro que esto no dejaba de ser extraño. Los chismorreos publicados sugerían un misterio. Fred Narracott se apuntaba a esta opinión. ¿Acaso la isla pertenecía a miss Gabrielle Turl, como algunos rotativos insinuaban? Sin embargo, esta hipótesis se podía descartar al ver a los invitados; ninguno de ellos daba la sensación de vivir en el ambiente de una estrella de cine.

Fríamente, Fred los catalogaba en su interior.

Una solterona de agrio carácter... El conocía bien a este tipo de mujeres; estaba dispuesto a apostar que era una arpía. Al viejo militar se le notaba en seguida la carrera. La joven era bonita, pero nada extraordinario y, desde luego, nada de estrella de Hollywood. El señor grueso, que carecía de modales, sería un tendero retirado de sus negocios. Y el otro, delgado, casi famélico, un tipo muy raro, que probablemente trabajaría en el cine.

En resumen, de todo el grupo sólo veía a uno que

le gustase, el último que llegó: el del coche. ¡Jamás se vio en Sticklehaven un coche tan estupendo! ¡Debía costar un dineral! El tipo parecía un niño rico. ¡Si los demás se le asemejaran sólo un poco!

«Todo esto me parece extraño, muy extraño», pensó.

Cuando la lancha dio la vuelta a la isla, apareció la casa. El lado sur de la isla del Negro era diferente del resto; descendía en suave pendiente hacia el mar. La vivienda era baja y cuadrangular, de estilo moderno. Estaba orientada al mediodía y recibía la luz a torrentes. Una mansión espléndida que respondía a todo cuanto se pudiera soñar.

Philip Lombard observaba el entorno con interés relativo.

—Debe de ser muy difícil llegar hasta aquí con mal tiempo – le preguntó a Fred Narracott.

—Cuando sopla el sudeste es imposible acercarse –le informó el marino–. A menudo, las comunicaciones con la isla quedan cortadas durante una semana o más aún.

Vera Claythorne, a raíz de este comentario, pensó en algo más cotidiano.

«El aprovisionamiento debe de ser difícil. Inconvenientes de una isla, ya que cualquier altercado con el servicio se puede convertir en un verdadero problema.»

El costado de la lancha rozó suavemente las rocas. Fred saltó a tierra el primero. Él y Lombard ayudaron a los demás a desembarcar. Narracott amarró la lancha a una argolla sujeta a la piedra y después dirigió el grupo hacia una escalera tallada en la roca.

—¡Esto es espléndido! –exclamó el general MacArthur. Pero su fuero interno estaba en rebeldía con sus palabras. En realidad, no le gustaba aquel sitio. «Estrafalario lugar para vivir», pensó.

El último peldaño de la escalera de piedra coincidía con una amplia terraza. Un mayordomo, de bondadoso semblante, les esperaba ante una puerta abierta; su cara pacífica, aunque seria, les tranquilizó. En cuanto a la residencia de los Owen era admirable; el panorama que se divisaba desde la terraza superaba lo visto o imaginado.

El criado les saludó con una reverencia.

—Señoras y caballeros, ¿tienen ustedes la amabilidad de seguirme?

En una mesa del inmenso vestíbulo, había bebidas y refrescos preparados para los invitados.

A la vista de tantas botellas simétricamente alineadas, Anthony Marston recobró su buen humor. Esta mezcolanza de gente con la que llegó no era de su gusto, pero ¿qué idea tan tonta tuvo ese idiota de Badger de hacerles venir a esta isla? Sin embargo, las bebidas eran buenas y no faltaba el hielo.

Mister Owen, a causa de un fastidioso retraso, no llegaría hasta mañana. El mayordomo se ponía por entero a disposición de los invitados. ¿Deseaban subir a sus habitaciones...? La cena se serviría a las ocho.

Vera siguió a la señora Rogers al piso de arriba. La criada abrió una puerta al final del pasillo y la joven entró en un dormitorio espléndido, con un gran ventanal que daba al mar y otro al interior. La joven no pudo por menos que lanzar una exclamación de asombro.

—Espero que no le falte nada, señorita –le dijo la señora Rogers.

Vera miró a su alrededor y vio con sorpresa que sus maletas estaban vacías y su equipaje perfectamente ordenado.

En una esquina de la habitación había una puerta que Vera supuso sería la del cuarto de baño.

—Si desea algo más, señorita, sólo tiene que tocar el timbre.

—No necesito nada, gracias.

Vera examinó a la mujer. Estaba tan pálida que parecía un fantasma. De porte correcto y cabellos echados hacia atrás. Vestía de negro, y sus ojos no dejaban de mirar en todas direcciones. «Parece que tenga miedo de su sombra», pensó.

Y era cierto. La señora Rogers parecía presa de un pánico mortal.

La joven sintió un ligero estremecimiento. ¿De qué podía tener miedo esta mujer?

—Soy la nueva secretaria de la señora Owen –dijo Vera amablemente–. Lo más probable es que ya lo sepan ustedes.

—No sé nada, señorita –dijo confundida la señora Rogers–. Sólo me han dado una lista de las personas que venían y la habitación que tenía que dar a cada una.

—¿Mistress Owen no le ha hablado de mí?

Los ojos de la señora Rogers parpadearon.

—No he visto todavía a mistress Owen. Hace sólo dos días que estamos aquí.

«¡Qué gente más fantástica esos Owen!», pensó Vera, y añadió en voz alta:

—¿El personal doméstico es numeroso?

—Sólo somos mi marido y yo.

Vera frunció el entrecejo. Ocho invitados, y un total de diez personas en la casa, comprendidos mister y mistress Owen, ¡y sólo un matrimonio para servir a toda esta gente!

—Soy una buena cocinera –prosiguió la señora Rogers–, y mi marido se basta y sobra para hacer el trabajo de la casa. Naturalmente, no esperábamos tantos invitados.

—¿Cómo se las arreglará usted para salir adelante?

—Tranquilícese, señorita, ya me arreglaré. Si más adelante mister Owen organiza otras recepciones, sin duda contratará más personal para ayudarnos.

—Así lo espero –contestó Vera.

La señora Rogers se alejó silenciosamente, como una sombra.

Vera se dirigió al ventanal que daba al mar y se sentó en una banqueta. Estaba inquieta. ¡Qué raro le resultaba todo lo de la casa! ¿Y la ausencia de los dueños? ¿Y la espectral criada? ¡Pero, sobre todo, los invitados! ¡Esos sí que eran raros y extraños! «En verdad que me hubiese gustado ver a mistress Owen y poderme formar una opinión», se dijo.

Se levantó, vivamente agitada, y se paseó por la habitación decorada con un estilo modernista. Las paredes lucían pintadas de un color claro y el espejo estaba circundado de luces. Sobre la chimenea había únicamente una figura de mármol blanco que representaba a un oso, una muestra de escultura moderna. En ella estaba empotrado un reloj de péndulo. Encima había un cuadro de metal cromado con un pergamino y en él, escrita, una canción de cuna.

De pie, delante de la chimenea, Vera leyó los ingenuos versos aprendidos en su niñez.

Diez negritos se fueron a cenar.
Uno se ahogó y quedaron:
Nueve.

Nueve negritos trasnocharon mucho.
Uno no se despertó y quedaron:
Ocho.

Ocho negritos viajaron por el Devon.
Uno se escapó y quedaron:
Siete.

Siete negritos cortaron leña con una hacha.

Uno se cortó en dos y quedaron:
Seis.

Seis de ellos jugaron con una colmena.
A uno de ellos lo picó una abeja y quedaron:
Cinco.

Cinco negritos estudiaron derecho.
Uno de ellos se doctoró y quedaron:
Cuatro.

Cuatro negritos fueron a nadar.
Uno de ellos se ahogó y quedaron:
Tres.

Tres negritos se pasearon por el Zoo.
Un oso los atacó y quedaron:
Dos.

Un negrito se encontraba solo.
Y se ahorcó, y no quedó
¡ninguno!

Vera no pudo por menos que sonreírse. ¿No estaba en la isla del Negro?

Se asomó a la ventana para contemplar el mar. ¡Cuán grande era el océano! No se distinguía tierra alguna en la vasta extensión que alcanzaba la vista; sólo el ondulante movimiento del agua azul bajo los rayos del sol poniente.

El mar, hoy tan sereno... a veces tan cruel. El mar... que nos atrae a sus abismos. Ahogado... ahogado en el mar... ahogado... ahogado... ahogado... No quería acordarse. ¡No quería pensar en ello! ¡Todo esto pertenecía al pasado!

El doctor Armstrong desembarcó en la isla del Negro en el momento en el que el sol desaparecía en el océano.

Había charlado con el hotelero, un hombre de la localidad, a fin de documentarse un poco acerca de los propietarios de la isla. En cambio, Narracott, el marino que lo trajo en la lancha, no quiso hacer comentarios al respecto, ya sea porque no estaba lo suficiente informado o porque no quería charlar de ello. Ante esta actitud retraída del marino, el doctor tuvo que contentarse con hablarle del tiempo y de la pesca.

El largo recorrido que hizo en auto lo había cansado y los ojos le escocían de tanto tiempo que tuvo el sol de cara. Pero el mar y aquella quietud le reponían de su lasitud. Le hubiese gustado tomarse unas largas vacaciones, pero no podía ofrecerse ese lujo. La cuestión económica era lo de menos, pero el interés por conservar la clientela estaba por encima de todo, ya que en nuestros tiempos se le olvida a uno fácilmente. Ahora que tenía una posición estable, debía trabajar sin descanso.

«Esta noche –pensaba– trataré de olvidar que tengo que volver pronto a Londres y que existe Harley Street. ¡La isla! Sólo al mencionarla, tiene la virtud mágica de evocar en mi espíritu toda clase de fantasías, pues al llegar se pierde el contacto con el mundo... –En ese punto el doctor Armstrong suspiró y, ya en suelo firme, prosiguió con su meditación–. ¡Un mundo de donde a veces no se vuelve jamás! No obstante, por una sola vez voy a intentar dejar atrás los problemas cotidianos.»

Y, sonriendo, mientras subía los peldaños tallados en la roca, comenzó a elaborar proyectos para el porvenir.

En un butacón de la terraza estaba sentado un viejo cuyo aspecto le era vagamente familiar. ¿Dónde había visto esta cara de rana, con ese cuello de tortuga, esa espalda y esos ojos maliciosos? ¡Ah, sí! Era el juez Wargrave. En una ocasión, había testificado en la audiencia que presidía este magistrado. El viejo siempre parecía estar dormido, pero era listo como un zorro. Ejercía una gran influencia sobre el jurado, pues presentando los hechos a su manera, había conseguido increíbles veredictos de culpabilidad. ¡Era un juez despiadado que, sin inmutarse, enviaba a la horca a los acusados!

«Vaya sitio más absurdo para encontrarlo... ¡una isla incomunicada del mundo!», se compadeció.

Al verlo, el juez Wargrave creyó reconocerlo.

«¿Es Armstrong...? Sí, es él –se dijo–. Compareció como testigo en uno de mis casos. Un hombre estimable, pero muy precavido. Todos los médicos son unos asnos, y los de Harley Street lo son mucho más.»

Recordaba la reciente entrevista que había tenido con uno de ellos y miró al médico con cierto desdén.

—Las bebidas están en el vestíbulo –le dijo refunfuñando.

—Gracias, pero me gustaría saludar primero a los dueños de la casa.

Wargrave cerró los ojos, lo cual acentuó aún más su semejanza con un reptil.

—¡Imposible! –exclamó.

—¿Por qué? –preguntó escéptico el doctor.

—Porque no están ninguno de los dos. La situación es muy extraña. Por lo que a mí respecta, no entiendo ni jota.

El doctor observaba al magistrado con detenimiento y, cuando creyó que el juez dormitaba, éste se despabiló.

—¿Conoce usted a Constance Culmington?

—No lo creo... –confesó Armstrong.

—No importa. Es una necia y tiene una escritura ilegible. Me pregunto si no me habrá dado una dirección equivocada.

Armstrong inclinó la cabeza a modo de saludo y luego se dirigió hacia el interior de la casa.

«¡Qué alocada es Constance Culmington! –pensó el juez–. ¡Como todas las hijas de Eva! –Su imaginación se desvió entonces a las dos mujeres que llegaron con él a la isla del Negro–. Esa vieja de labios pintarrajeados no me gusta, y esa joven... esa joven me gusta sólo a medias... ¡Ah! Pero ellas son tres, contando a la señora Rogers. Curiosa mujer, siempre atormentada por el miedo, al parecer. Una pareja de criados aceptable; dan la impresión de conocer bien su oficio.»

En aquel momento, Rogers apareció en la terraza. Ocasión que aprovechó el juez para insistir.

—¿Sabe usted si lady Constance Culmington llega hoy?

—No, señor –contestó el mayordomo–. No lo sé.

«Aquí hay gato encerrado», pensó el juez Wargrave, enarcando las cejas.

Anthony Marston tomaba su baño con voluptuosidad. Sus miembros, anquilosados por el largo viaje en auto, se normalizaban. Muy pocas ideas le atormentaban. Era un ser lleno de acción y sensaciones.

«Lo tomaré con calma», pensó. Y volvió a no pensar en nada. El agua caliente, su cuerpo fatigado... ¿Se afeitaría, tomaría un aperitivo, comería...? ¿Y después?

Mister Blove se hacía el nudo de la corbata. Este ejercicio no le gustaba.

¿Tenía buena presencia? Podía pasar.

Nadie le había demostrado simpatía. ¡Qué manera más rara tenían los demás de mirarse de reojo, como si supieran...!

Él tenía que estar a la altura de las circunstancias. A toda costa tenía que llevar a cabo la tarea que le habían encomendado.

Alzó los ojos y vio escrita la canción de cuna en el cuadro encima de la chimenea. ¡Qué lugar tan apropiado! ¡Buena idea, sí señor!

«Recuerdo haber estado aquí de pequeño –pensó–. Nunca hubiese creído que volvería con un encargo tan... Afortunadamente no se conoce el porvenir.»

«Todo esto empieza a molestarme –reflexionó el general MacArthur–. No esperaba semejante recibimiento.»

De buena gana hubiese inventado un pretexto para marcharse y mandarlo todo a paseo, pero la lancha había regresado a Sticklehaven. Por fuerza debía quedarse en la isla.

El llamado Lombard le parecía un tipo extraño. Hubiera jurado que era tan falso como Judas.

Al primer golpe de batintín, Philip Lombard salió de su habitación. Con pasos silenciosos y ágiles como los de una pantera, bajó la escalera. Tenía algo de felino. Su traza evocaba a una bestia feroz, pero simpática.

Se sonreía para sí.

¿Una semana?

¡Sí, aprovecharía esta semana!

En su dormitorio, Emily Brent, vestida con un traje de seda negra, esperaba la hora de cenar leyendo su Biblia. Repetía a media voz las palabras del texto:

«Los paganos serán precipitados al abismo que ellos mismos habrán cavado; en el cepo que han ocultado se cogerán el pie. El Señor se dará a conocer el día del Juicio Final. El pecador en sus propias redes caerá y será arrojado al infierno.»

Se mordió los labios y cerró la Biblia.

Se levantó; prendió en su corpiño un broche de cuarzo y bajó a cenar.

Capítulo III

La cena había terminado.

Los platos habían sido excelentes, los vinos exquisitos. Rogers había servido la mesa admirablemente.

Todos estaban de buen humor y las lenguas empezaban a desatarse. El juez Wargrave, dulcificado por el delicioso vino de Oporto, era espiritual e irónico; el doctor Armstrong y Tony Marston le escuchaban complacidos. Miss Brent hablaba con el general MacArthur: habían encontrado unos amigos comunes. Vera Claythorne sometía a mister Davis cuestiones pertinentes al Africa del Sur, tema que éste conocía a fondo.

Lombard seguía esta conversación. Una o dos veces levantó los ojos bruscamente y sus párpados se encogieron. De vez en cuando miraba discretamente alrededor de la mesa redonda y estudiaba a los otros comensales.

De repente Marston exclamó:

—Son raras esas figurillas, ¿verdad?

En el centro de la mesa, sobre una bandeja de cristal, estaban colocadas unas figurillas de porcelana.

—Negros –prosiguió–. La idea viene, supongo, de la isla del Negro.

—En efecto, es divertido –convino Vera. Se inclinó hacia delante–. ¿Cuántos son? ¿Diez?

—Sí... Diez.

—Son graciosos –exclamó Vera–. Son los diez negritos de la canción de cuna que he visto en un cuadro colgado encima de la chimenea de mi habitación.

—En mi cuarto también está –dijo Lombard.

—En el mío también.

—Y en el mío.

Todo el mundo lo coreó.

—La idea no es nada vulgar –manifestó Vera.

—Digan mejor que es infantil –gruñó el juez Wargrave. Después, se sirvió oporto.

Emily Brent lanzó una mirada a Vera, que respondió con una inclinación de cabeza, y las dos se levantaron.

Las ventanas del salón que daban a la terraza estaban abiertas. Desde allí les llegaba el ruido de las olas al romper contra el acantilado.

—Me encanta escuchar el murmullo del mar –indicó Emily Brent.

—A mí me horroriza –contestó Vera con voz decidida.

Miss Brent la miró sorprendida.

Vera enrojeció y añadió conteniendo su azoramiento:

—No será muy agradable estar aquí en un día de tormenta.

—Supongo que la casa permanecerá cerrada durante el invierno –dijo miss Brent–. No creo que los criados acepten quedarse en una isla.

—De cualquier forma –aclaró Vera–, debe de ser difícil encontrar personas dispuestas a vivir aquí.

—Mistress Oliver puede sentirse satisfecha de haber conseguido este matrimonio como servidores –hizo su reflexión miss Brent–; la mujer es una excelente cocinera.

«Es fantástico como estas solteronas equivocan los nombres», pensó Vera, pero añadió con voz clara y lenta:

—Por descontado que Mistress Owen ha tenido suerte.

Emily Brent sacó de su bolso una labor de punto y, en el momento en que cogía las agujas, se detuvo y miró extrañada a su compañera.

—¿Owen? ¿Ha dicho usted Owen?

—Sí.

—En mi vida había oído ese nombre.

—Pero, no...

Vera se interrumpió al abrirse la puerta y entrar los hombres. Rogers cerraba la comitiva, llevando una bandeja con los cafés.

El magistrado se sentó al lado de miss Brent; y Armstrong al lado de Vera. Tony se dirigió a la ventana que seguía abierta. Blove examinaba con asombro una pequeña estatua de bronce, preguntándose cándidamente si esas formas angulosas representaban el cuerpo de una mujer.

El general MacArthur, de espaldas a la chimenea, se atusaba su corto bigote blanco. La cena había sido espléndida y se regocijaba de haber aceptado la invitación. Lombard hojeaba el *Punch* que había encima de una mesita cerca de la pared junto con otros periódicos. Rogers sirvió el café, negro, fuerte, ardiendo.

En resumen, todos los invitados estaban encantados de la vida después de la copiosa y exquisita cena. Las agujas del reloj señalaban las nueve y veinte. En el salón reinaba un silencio... de confortable beatitud.

En medio de este silencio se oyó una voz inesperada... sobrenatural.

—*Señoras y caballeros. Silencio, por favor.*

Todos se sobresaltaron. Escudriñaron las paredes y se observaron unos a otros. ¿Quién había hablado?

La voz continuó fuerte y clara:

—*Os acuso de los siguientes crímenes...*
»*Edward George Armstrong, usted causó la muerte a Luisa Mary Glees el 14 de marzo de 1925.*
 »*Emily Caroline Brent, es responsable de la muerte de Beatriz Taylor el 5 de noviembre de 1931.*
»*John Gordon MacArthur, usted envió a la muerte*

con la mayor sangre fría al amante de su mujer, Arthur Richmond, el 4 de enero de 1917.

»William Henry Blove, es usted el causante de la muerte de James Stephen Landor el 10 de octubre de 1928.

»Vera Elisabeth Claythorne, el 11 de agosto de 1933 mató usted a Ciryl Oglive Hamilton.

»Philip Lombard, en el mes de febrero de 1932 llevó a la muerte a veintiún hombres miembros de una tribu de Africa Oriental.

»Anthony James Marston, el 14 de noviembre último mató a John y Lucy Combes.

»Thomas y Ethel Rogers, el 6 de mayo de 1929 dejaron morir a Jennifer Brady.

»Lawrence John Wargrave, el 10 de junio de 1934 envió a la muerte a Edward Seton.

»Acusados, ¿tienen que alegar algo en su defensa?

La voz acusadora se calló.

Después de un instante de silencio absoluto, se oyó el ruido de vajilla al romperse; a Rogers se le había caído de las manos la bandeja con el servicio del café. En este mismo momento les llegó del vestíbulo un grito y el ruido de una caída.

Lombard fue el primero en levantarse y correr hacia la puerta; al abrirla se encontró con mistress Rogers tendida en el suelo.

Lombard pidió a Marston que le ayudara. Entre los dos levantaron a la mujer, la llevaron al salón y la tendieron en el sofá.

El doctor Armstrong acudió en seguida y la examinó.

—No es nada –diagnosticó–. Un simple desvanecimiento. Volverá en sí en seguida, de un momento a otro.

Lombard, entonces, se dirigió al mayordomo y le pidió que fuera a buscar una copa de coñac. Con el semblante lívido y las manos temblorosas, Rogers salió rápidamente de la estancia.

—¿Quién hablaba? –gritó Vera presa del pánico–. ¿Dónde se oculta esa voz? Habría jurado...

—¿Qué pasa aquí? ¿Qué... qué broma de tan mal gusto es ésta? –balbuceó el general MacArthur.

Sus manos temblaban... su espalda se dobló; de repente, pareció envejecer diez años.

Blove se secó el sudor de la cara con el pañuelo. Sólo el juez Wargrave y miss Brent permanecían impasibles, aparentemente. Ella, con el busto erguido y la cabeza alta, tenía los pómulos sonrojados. El viejo magistrado conservaba su actitud acostumbrada, con la cabeza gacha. Con una mano se rascaba suavemente la oreja. Sólo sus ojos se movían. Su mirada perpleja, brillante e inteligente escudriñaba todos los rincones del salón.

Viendo al doctor ocupado con la mujer desvanecida, Lombard tomó la iniciativa de responder a las preguntas formuladas por Vera y el general.

—La voz parecía salir de esta habitación –dijo.

—Pero, ¿quién hablaba? *¿Quién?* ¡Desde luego, ninguno de nosotros! –exclamó Vera.

Lo mismo que el juez, Lombard escudriñaba todos los rincones de la estancia. Su mirada se posó en el ventanal y movió la cabeza como dudando. Sus ojos brillaron y, con paso rápido, se dirigió hacia una puerta cercana a la chimenea que daba a la habitación contigua.

Abrió la puerta bruscamente y lanzó una viva exclamación:

—¡Lo encontré!

Los demás se le unieron de inmediato. Sólo miss Brent se quedó sentada en la butaca.

En aquella estancia había una mesa arrimada a la pared que daba al salón. Sobre la mesa había un gramófono antiquísimo, con un gran altavoz abocinado pegado al muro. Lombard lo apartó de la pared y señaló dos o tres agujeros casi imperceptibles horadados en el tabique.

Volvió a colocar el gramófono como estaba y deslizó la aguja en el disco... La voz sonó de nuevo fuerte y clara: «*Señoras y caballeros. Silencio por favor. Os acuso de los siguientes crímenes...*»

—¡Párelo! ¡Párelo! ¡Es horrible! –exclamó Vera.

Lombard obedeció; Armstrong profirió un suspiro de satisfacción.

—Han querido gastarnos una broma. ¡He ahí todo!

—¿Cree usted que se trata de una broma? –murmuró el juez.

El médico lo miró fijamente.

—¿Qué quiere usted que sea, sino?

—En estos momentos –declaró el magistrado, pellizcándose suavemente los labios–, no estoy, en absoluto... en disposición de opinar.

—Olvida un detalle –intervino Anthony Marston–. ¿Quién puso el gramófono en marcha?

—En efecto –murmuró agriamente Wargrave–. Me parece que se impone una investigación para esclarecer este punto.

El juez se dirigió de nuevo al salón y todos lo siguieron. Miss Brent estaba ahora inclinada sobre el sofá, atendiendo a la cocinera que se quejaba débilmente.

Rogers llegó con una copa de coñac y se interpuso hábilmente entre las dos mujeres.

—Permítame, señorita, decirle unas palabras a mi esposa. Ethel... Ethel, no te atormentes. No es nada serio... ¿Me comprendes...? ¡Anímate!

La criada respiraba con dificultad. Sus ojos fijos y asustados recorrieron todas las caras. La voz de su marido se hacía cada vez más fuerte.

—Anda, Ethel, no te excites.

—Se encontrará mejor dentro de poco –dijo el doctor en un tono animoso y amable–. Sólo se trata de una broma.

—¿Me he desmayado, doctor?

—Sí, mistress Rogers.

—Era esa voz... esa horrible voz. Como si fuera la de un juez.

De nuevo su cara se puso verdosa y sus ojos parpadearon.

—¿Dónde está el coñac? –exigió el doctor.

Rogers había puesto el coñac encima de una mesita. Se lo dio al doctor que se inclinó sobre la criada.

—Tenga, beba esto.

Bebió un sorbo y tosió. El alcohol le sentó muy bien; los colores reaparecieron en su semblante.

—Me siento mejor –dijo la enferma–. Esto me ha impresionado mucho...

—Lo creo –la interrumpió su marido–, a mí también. Dejé caer la bandeja. Son infames mentiras. Me gustaría saber...

Fue interrumpido por una tos... una tosecilla seca, pero que le cortó la palabra. Miró al juez que, en el tono de antes, volvió a toser.

—¿Quién ha puesto ese disco en el gramófono? –preguntó Wargrave–. ¿Ha sido usted, Rogers?

—No sabía de que se trataba, señor –protestó el criado–. Juro que lo ignoraba. Si hubiese sabido lo que decía no lo hubiera puesto, se lo aseguro.

—Desearía creerle, Rogers –profirió el juez con voz brusca–, sin embargo, me gustaría que me proporcionara algunas explicaciones.

El criado se secó el sudor de la frente con un pañuelo.

—No he hecho más que obedecer órdenes –declaró con franqueza.

—¿Qué órdenes? Analicemos un poco esto –insistió el juez Wargrave–. ¿Qué órdenes le ha dado exactamente mister Owen?

—Me dijo que colocara en el gramófono un disco

que encontraría en el cajón, y que después mi mujer lo pusiera en marcha cuando yo sirviese el café en el salón.

—Esta historia me parece extraordinaria –refunfuñó Wargrave.

—Es cierto, señor, lo juro. No me pareció raro porque el disco lleva una etiqueta y yo creí que era de música, como los demás.

Wargrave miró a Lombard.

—¿Había una etiqueta en ese disco? –preguntó.

Lombard asintió con la cabeza y rió burlonamente, descubriendo sus dientes blancos y puntiagudos.

—Exacto, señor. Su título es *El canto del cisne*.

—¡Todo eso es grotesco! –estalló colérico el general MacArthur–. ¡Estúpidamente grotesco! ¿Qué idea han tenido al lanzar acusaciones tan monstruosas contra nosotros? Es preciso encontrar sin demora a mister Owen o a quien sea.

—¿Pero quién es ese señor? –inquirió miss Brent indignada–. He aquí la cuestión.

El juez Wargrave meditó unos instantes. A continuación, se expresó con la autoridad que le había conferido una vida entera pasada en los tribunales.

—Ante todo interesa esclarecer este detalle. Rogers, llévese a su mujer a su habitación y que se acueste. Luego, vuelva usted en seguida.

—Bien, señor.

—Espere que le ayude, Rogers –le ofreció el doctor Armstrong.

Apoyada en los dos hombres, mistress Rogers salió vacilante del salón.

Cuando hubieron salido, Anthony Marston dijo:

—No sé si opinarán lo mismo, pero yo voy a beber una copita de licor.

—Yo también –añadió Lombard.

—Voy a ver si descubro por ahí algunas botellas –dijo Tony, alejándose.

Unos instantes después ya estaba de vuelta.

—Ya las tengo. Las descubrí en una bandeja cerca de la puerta; nos estaban esperando.

Las puso delicadamente sobre la mesa y llenó los vasos.

El juez y el general se hicieron servir un buen whisky. Todos necesitaban un estimulante; sólo Emily Brent pidió un vaso de agua.

—Está mucho mejor –manifestó el doctor al entrar en el salón–. Le he administrado un sedante para que descanse. ¡Ah! Veo que están ustedes bebiendo. Les imitaré muy gustoso.

Los hombres llenaron por segunda vez sus vasos.

Cuando Rogers volvió al cabo de unos momentos, el magistrado se dispuso a continuar el interrogatorio. Pronto el salón se convirtió en un tribunal improvisado.

—Veamos, Rogers. Queremos conocer algo de esa historia. ¿Quién es mister Owen?

—Pues el propietario de la isla, señor.

—Sí, eso ya lo sé. Pero, ¿sabe algo de él?

Rogers bajó la cabeza.

—No puedo decirle nada en absoluto; no lo he visto jamás.

Un movimiento de sorpresa se produjo entre todos.

—¿Dice que no lo ha visto jamás? –preguntó el general MacArthur incrédulo–. ¿Qué cuento es éste?

—Mi mujer y yo estamos aquí desde hace sólo unos días. Fuimos contratados por mediación de una agencia de colocación. La agencia Regina, de Plymouth, fue la que nos escribió.

Blove aprobó con la cabeza.

—Es una agencia muy antigua y respetable –declaró.

—¿Tiene esa carta? –le apremió Wargrave.

—¿La carta que nos escribieron? No, señor, no la he guardado.

—Continúe su historia. Dice que fueron contratados por carta...

—Sí. Y en ella se fijaba el día que teníamos qué venir. Aquí todo estaba en orden y había provisiones en abundancia. Nos gustó la casa; sólo tuvimos que limpiar el polvo.

—¿Y después?

—Nada, señor. Recibimos instrucciones por carta a fin de preparar las habitaciones para los invitados. Y ayer, el cartero nos trajo otra carta de mister Owen diciéndonos que no podía venir y que cumpliéramos con nuestro deber lo mejor posible en su ausencia. Nos dejaba instrucciones para la cena y nos pedía que pusiéramos el disco a la hora del café.

—¿Tiene esa carta? –interrogó Wargrave.

—Sí, señor. La llevo encima.

Sacó la carta del bolsillo y el juez se la cogió de las manos.

—¡Hummm! Está timbrada en el Ritz y está escrita a máquina.

—¿Me permite verla? –le pidió Blove que estaba a su lado.

El juez se la entregó y Blove la recorrió con la vista.

—Es una máquina de escribir Corona, nueva, sin un defecto –murmuró–. Papel comercial ordinario. No hemos adelantado gran cosa. Podrían sacarse huellas digitales, pero estoy seguro de que no encontraríamos ninguna.

Wargrave lo miró con atención creciente.

Anthony Marston, de pie, al lado de mister Blove, miraba por encima de su espalda.

—Nuestro anfitrión –señaló– tiene un nombre bien raro: Ulik Norman Owen. Se llena uno la boca al decirlo.

—Le estoy muy agradecido, mister Marston –dijo el magistrado con cierto sobresalto–. Acaba de llamar mi atención sobre un punto bastante sugestivo. –Miró a su alrededor y, alargando su cuello de tortuga, añadió–: Creo que el momento es propicio para reunir todas las informaciones que poseemos. Me parece que cada uno deberíamos decir todo cuanto sepamos acerca del propietario de esta casa. –Hubo un momento de silencio y, un tanto malhumorado, el juez Wargrave prosiguió–: Aquí somos todos invitados. A mi juicio, sería utilísimo que cada uno de nosotros explicase exactamente a título de qué se encuentra aquí.

Al cabo de un instante, Emily Brent tomó la palabra muy decidida.

—Hay en todo esto algo misterioso. Yo recibí una carta cuya firma era imposible descifrar. Parecía proceder de una amistad que hice hace dos o tres años en una playa. Me pareció entender que se trataba de mistress Ogden... o de mistress Oliver. Ahora bien, conozco a una señora Ogden y otras mistress Oliver, pero puedo afirmar con toda seguridad que jamás he conocido una mistress Owen.

—¿Tiene usted esa carta, miss Brent? –preguntó el juez.

Subió a su cuarto y volvió con ella a los pocos minutos, entregándosela al magistrado.

—Comienzo a comprender –declaró el juez tras leerla–. ¿Y usted, miss Claythorne...?

Vera explicó cómo había sido contratada en calidad de secretaria de mister Owen.

—¿Y usted, mister Marston? –dijo en seguida Wargrave.

—Recibí un telegrama de un amigo mío, Badger Berkeley – respondió Anthony–. De momento quedé sorprendido, pues creía que ese sinvergüenza se encontraba en Noruega. En el telegrama me decía que viniese aquí de inmediato.

El juez inclinó la cabeza.

—Doctor Armstrong –le preguntó–, ¿qué tiene qué decirnos?

—Yo vine aquí a título profesional.

—Bien. ¿Y no tiene usted ninguna relación con la familia Owen?

—No. Sólo el nombre de uno de mis colegas era citado en la carta.

—Desde luego, esto le prestaba más verosimilitud –añadió el magistrado–. ¿Pero no tuvo usted tiempo de entrevistarse con su colega?

—No. No me fue posible.

De golpe, Lombard, que examinaba la carta de Blove, levantó la vista.

—Escuchen, por favor –dijo–. Acaba de ocurrírseme una idea.

Wargrave levantó la mano.

—Espere un minuto.

—Pero si...

—Vayamos por orden, mister Lombard. En este momento estamos aclarando las causas que motivaron nuestra venida aquí. ¿General MacArthur?

Atusándose siempre el bigotito, el viejo militar expuso sus motivos.

—Recibí una carta... de ese tal mister Owen. En ella me hablaba de unos viejos camaradas míos que podía encontrar aquí... Y me pedía excusas por invitarme de esta forma. No he guardado la carta.

El juez Wargrave se dirigió al capitán Lombard.

—¿Mister Lombard?

El cerebro de Philip Lombard no había estado

inactivo. ¿Debía hablar con toda franqueza? Tomó una decisión.

—La misma historia que los demás. La invitación hace alusión a unos amigos comunes y he caído en la trampa. Por desgracia rompí la carta.

El magistrado se volvió hacia mister Blove.

—Acabamos de pasar por una prueba muy desagradable –le dijo–. Una voz que parecía venir de ultratumba nos ha llamado a todos por nuestros nombres y ha hecho acusaciones precisas contra nosotros, de las cuales ya hablaremos después. Ahora lo que interesa es un detalle menos importante. Entre los nombre citados oímos el de William Henry Blove. Pero entre nosotros nadie se llama así. En cambio, el de Davis no ha sido mencionado. ¿Qué dice a esto, mister Davis?

—¿Por qué ocultarlo por más tiempo? Yo no me llamo Davis.

—Entonces, ¿es usted William Henry Blove?

—Sí.

—Permítame decirle unas palabras, mister Blove –añadió Lombard–. No sólo se ha presentado usted con un nombre falso, sino que además le he sorprendido mintiendo. Pretendía hacernos creer que había nacido en Natal. Conozco muy bien África del Sur y puedo jurar que no puso allí jamás los pies.

Todas las miradas convergieron en Blove... Miradas cargadas de cólera y desconfianza. Anthony Marston se abalanzó sobre él con los puños crispados.

—¡Ahora, dígame quién es, sinvergüenza!

Blove se echó hacia atrás con las mandíbulas prietas.

—Ustedes se equivocan –dijo–. Tengo mis papeles en orden y puedo enseñárselos. He pertenecido a la policía y dirijo actualmente una agencia de detectives en Plymouth. Fui requerido para venir aquí por mister Owen. Adjuntaba a su carta una gran cantidad de dinero para gastos y me daba ciertas instrucciones que debía seguir. Debía mezclarme con los invitados, cuya relación también me adjuntó, y vigilar sus hechos y gestos.

—¿Y qué razón le daba?

—Las joyas de mistress Owen –contestó Blove con amargura–. Me pregunto, ahora, si existe el tal mister Owen.

—La conclusión parece lógica –repuso el juez–. ¡Ulik Norman Owen! En la carta dirigida a miss Brent la firma era ilegible, pero el nombre se podía leer: Una Nancy Owen, es decir, siempre las iniciales U.N.O. Con un poco de imaginación y fantasía se puede reconstruir la palabra inglesa «Unknown», es decir, desconocido.

—¡Pero eso es de locos! –exclamó Vera Claythorne.

—Tiene razón, miss Claythorne –repuso el magistrado–. Estoy seguro de que hemos sido invitados por un loco, probablemente por un... maníaco criminal.

Capítulo IV

Hubo un momento de silencio. En todos los rostros se leía la sorpresa y el miedo. De nuevo se dejó oír la voz clara del juez Wargrave.

—Llegamos ahora a la segunda fase de nuestra relación. Ante todo voy a añadir mis propias informaciones a las que ya poseemos.

Sacó una carta del bolsillo y la arrojó sobre la mesa.

—Esta carta es como si hubiera sido escrita por una de mis viejas amistades, lady Constance Culmington, a la que hace dos años que no he visto. La última vez que supe de ella estaba viajando por Oriente Medio. El autor de esta carta ha empleado el estilo incoherente y fútil de lady Culmington para invitarme a reunirme con ella aquí, y me habla de los propietarios de una manera confusa.

»Fíjense ustedes en que, en todas las cartas, emplea la misma táctica, coincidiendo en un punto del mayor interés: sea quien fuere el individuo, hombre o mujer, que nos ha reunido en esta casa, nos conoce o se ha molestado en buscar datos sobre cada uno de nosotros. Está al corriente de mi relación con lady Culmington y su estilo epistolar no le es extraño. Sabe el alias del amigo de Marston y la clase de telegramas que envía habitualmente. No ignora el estilo en que hace dos años miss Brent pasaba sus vacaciones y las costumbres de la gente con quien se relacionaba. Y, por último, posee indicaciones sobre los viejos camaradas del general MacArthur.

»Ustedes vieron –prosiguió tras una pausa– cómo nuestro anfitrión conoce de nosotros muchas cosas que le han permitido formular acusaciones concretas.

Esta última observación desató muchas protestas.

—Todo eso no es más que un atajo de calumnias –exclamó el general MacArthur.

—¡Esto es puro cinismo! –gritaba Vera con la respiración entrecortada.

—¡Es una mentira! ¡Una infame mentira! –gritaba Rogers con voz ronca–. ¡Jamás, ni mi mujer ni yo hemos cometido crimen alguno!

—Me pregunto, ¿a dónde quiere llegar ese loco? –murmuró Anthony Marston.

La mano en alto del magistrado apaciguó a los invitados.

—Deseo hacer una declaración –manifestó, escogiendo sus palabras–. Nuestro amigo desconocido me acusa de la muerte de un tal Edward Seton. Me acuerdo perfectamente de Seton. Estaba acusa-

do del asesinato de una anciana y compareció ante
mí en junio de 1930. Su abogado lo defendió hábilmente y él mismo produjo al principio una buena
impresión en el jurado. Pero después de las declaraciones de los testigos, su crimen no dejaba duda a
mis ojos. Presenté mis conclusiones y el jurado lo
condenó. Proponiendo la pena de muerte contra él
no hacía más que confirmar el veredicto. Se recurrió
contra la sentencia, invocando unas inexactitudes
en la interpretación de los hechos, pero la apelación
fue desestimada y el hombre ejecutado. Declaro
ante ustedes que mi alma y mi conciencia no tienen
nada que reprocharme, pues cumplí con mi deber
condenando a muerte a un asesino.

¡El doctor Armstrong se acordaba del caso Seton! El veredicto sorprendió a todos. El día anterior
al juicio había cenado en un restaurante con Matthews, el abogado defensor de Seton, que estaba segurísimo de la absolución de su cliente. Después las
lenguas se soltaron y el juez Wargrave se cebó con el
acusado. Había conseguido convencer al jurado y
Seton fue reconocido culpable. «Procedimiento legal». El viejo magistrado conocía como pocos la ley.
Dio la impresión de que el juez satisfacía una venganza personal.

Todos estos recuerdos aparecieron de repente en
la imaginación del doctor. Sus ojos miraron fijamente al juez.

—¿Conocía personalmente a Seton? –le espetó
de pronto–. Quiero decir, antes del proceso.

El magistrado, con voz precisa le respondió:

—No, no lo conocía personalmente.

Sin embargo, la opinión del doctor era otra.

«Este pícaro viejo miente, estoy seguro», pensó.

—Quisiera decirles... a propósito del niño Ciryl Hamilton –declaró Vera Claythorne con voz temblorosa–, que yo era su institutriz. Estábamos en una playa veraneando y le había prohibido que nadara demasiado lejos. Un día, aprovechando una distracción mía, se adentró más de lo que le tenía permitido. Me arrojé al mar para salvarlo, pero llegué demasiado tarde. Fue horroroso, pero no hubo negligencia por mi parte. En la posterior investigación el fiscal reconoció mi inocencia. La madre del niño no me hizo ningún reproche y me testimonió su afecto. ¿Por qué reprocharme pues este doloroso accidente? ¡Es injusto...! ¡Injusto!

La joven se deshizo en lágrimas y el general MacArthur le dio unas palmaditas en la espalda.

—Vamos, vamos, querida niña –le dijo para consolarla–. Sabemos que todo eso es falso... Se trata de un loco chiflado, digno de estar encerrado en un manicomio.

El general se enderezó y alzó sus hombros.

—No vale la pena dar importancia a esas infamias –prosiguió–. Mientras tanto, yo declaro que no hay nada cierto en esa historia de Arthur Richmond. El joven Richmond era oficial de mi regimiento. Lo envié para efectuar un reconocimiento y el enemigo lo mató. ¿Hay algo más corriente que un soldado muera en tiempos de guerra? Lo que me apena es esa malévola insinuación sobre la conducta de mi mujer... la más fiel de todas las esposas... ¡La mujer del César!

El general MacArthur se sentó. Su mano temblaba al atusarse el bigote. Estas palabras le habían costado un esfuerzo sobrehumano.

Con los ojos sonrientes Lombard hizo uso de la palabra.

—Por lo que se refiere a los indígenas...

—¿Qué...? –le interrumpió Marston.

Lombard se echó a reír.

—Se trata de una historia verídica. Los abandoné a su suerte. Era cuestión de vida o muerte. Estábamos perdidos en la selva. Mis dos camaradas y yo reunimos los pocos alimentos que quedaban y huimos.

—¡Cómo! –gritó desaforadamente el general indignado–. ¿Abandonaron a sus hombres? ¿Los dejaron morir de hambre?

—En efecto. No sería muy edificante por parte de un *poukka sahib*, pero el hecho de conservar la vida creo que es el primer deber de un hombre. Los indígenas no tienen miedo a la muerte. Sobre este particular su mentalidad difiere de la nuestra.

Vera levantó los ojos y miró a Lombard de hito en hito.

—¿Los dejó morir?

—Sí. Los dejé morir.

La mirada alegre de Lombard se posó en los ojos asustados de la joven.

—Se me ocurre ahora... –declaró Anthony Marston perplejo–... que Johnny y Lucy Combes podrían ser los dos niños que atropellé cerca de Cambridge. ¡Qué mala suerte!

—¿Para ellos o para usted? –le preguntó el magistrado.

—Hombre, pensaba que para mí. Pero... quizá tenga usted razón: mala suerte para ellos. Sin embargo, fue un accidente, ya que los niños salían corriendo de una casa. Me retiraron el permiso de conducir durante un tiempo, y esto, por cierto, me fastidió.

—¡Esos excesos de velocidad son del todo inadmisibles! ¡Los jóvenes imprudentes constituyen un peligro público!

—¡Estamos en el siglo de la velocidad! –exclamó Tony, alzando los hombros–. ¡Qué diablos! ¡Son las carreteras inglesas las defectuosas! ¡Hay que ir siempre a paso de tortuga!

Cogió su vaso de encima de la mesa y se sirvió un buen trago de whisky de una botella del aparador. Bastó un poco de soda para llenarlo.

—Lo cierto es que fue un accidente –dijo taxativo–. ¡Yo no tuve la culpa!

Rogers, el mayordomo, se humedeció los labios.

—¿Me permiten que les diga algo, señores? –dijo con tono deferente.

—Le escuchamos –respondió Lombard.

—La voz también ha citado mi nombre y el de mi mujer... y el de miss Brady. No hay nada de cierto en lo que ha dicho, señor. Mi mujer y yo permanecimos a su servicio hasta que murió. Siempre estaba enferma. La noche que se agravó hubo una gran tormenta y el teléfono se averió. Resultó imposible llamar al doctor, y yo mismo fui a pie a buscarlo. Llegamos demasiado tarde, a pesar de hacer todo lo posible para salvarla. Le estábamos muy agradecidos, todo el mundo se lo dirá, señor. ¡Jamás tuvo queja alguna de nosotros...! ¡Ni el menor reproche!

Lombard miraba con insistencia la cara crispada de Rogers. Los labios del mayordomo estaban secos y el terror se reflejaba en su rostro. Se acordó de la bandeja que cayó al suelo con el servicio de café, pero no dijo nada.

—¿Les dejó algo al morir? –le preguntó Blove con su voz profesional y brusca.

Rogers se enderezó.

—Obviamente –declaró indignado–, miss Brady nos dejó algo de dinero como premio a nuestros fieles servicios. ¿Y por qué no?

—¿Y si nos hablara de usted mismo un poco, mister Blove? – intervino Lombard.

—¿De mí?

—Sí, su nombre está en la lista.

—¿El asunto Landor? –inquirió Blove, enrojeciendo–. Se trataba del robo en un banco, el London Commercial.

El juez Wargrave se agitó en su butaca.

—Me acuerdo muy bien, aunque no interviniera en aquel juicio –dijo–. Landor fue condenado por su testimonio. Usted, Blove, como oficial de policía, llevó la investigación, ¿no es cierto?

—Sí.

—Landor fue condenado a trabajos forzados a perpetuidad; murió en Dartmour. Su salud era muy delicada.

—Ese individuo no era más que un estafador –argumentó Blove– . Fue él quien mató al sereno. Su culpabilidad no dejaba lugar a dudas.

—Usted recibió felicitaciones por su habilidad, si mal no recuerdo –objetó el magistrado.

—Ascendí en mi carrera, si se refiere a eso –manifestó Blove–. De todas formas, no hice sino cumplir con mi deber.

Lombard se echó a reír ruidosamente.

—Por lo visto, todos somos personas que respetamos la ley y cumplen con su deber. Excepto yo. ¿Y usted, doctor? ¿Qué le parece si hablamos de error profesional? ¿Se trataba de una operación quirúrgica ilegal?

Emily Brent miró a Lombard con asco y retiró su butaca hacia atrás.

Muy dueño de sí, el doctor Armstrong inclinó la cabeza con buen humor.

—Les aseguro que no comprendo nada de esa historia. No recuerdo haber asistido a ninguna mujer con ese nombre, ¿Gleis...? ¿Glose? y menos que se muriese por mi culpa. ¡Haría tantos años! Lo más probable es que fuera intervenida en el hospital, y ya saben ustedes que a veces el enfermo está tan grave que no sirve para nada operar. Y si fallece, la familia achaca su muerte al cirujano.

Lanzó un suspiro.

«Estaba borracho –se dijo–. Eso fue. Y borracho operé a aquella mujer. Tenía los nervios deshechos y mis manos temblaban. No hay duda... la maté. ¡Pobre mujer! La intervención era de las más sencillas; hubiera salido bien de no estar yo borracho. Afortunadamente para mí, existe el «secreto profesional». La enfermera lo sabía, pero no habló. ¡Dios mío! ¡Qué golpe me supuso! Menos mal que corté a tiempo con la bebida. Pero... ¿quién diablos ha podido enterarse de aquel incidente después de tantos años?»

En el salón reinaba un profundo silencio. Todo el mundo miraba a Emily Brent de una manera más o menos discreta. Al poco rato se dio cuenta de que esperaban que dijera alguna cosa. Y enarcó las cejas sobre su frente estrecha.

—¿Esperan que les diga algo? Pues no tengo nada qué decirles.

—¿Nada? –preguntó el juez.

Miss Brent apretó con fuerza los labios.

—No, nada.

—Entonces, ¿se reserva usted para la defensa?

El juez Wargrave se lo preguntó con toda la dulzura.

—Es inútil que me defienda –respondió miss Brent–. He obrado siempre con arreglo a mi conciencia y no tengo nada que reprocharme.

Una amarga decepción se dibujó en todos los semblantes.

Sin embargo, miss Brent no era mujer para desanimarse ante la opinión de los demás. Se quedó impasible.

El juez Wargrave tosió una o dos veces.

—Nuestras pesquisas se suspenden por el momento –dijo el magistrado–. Dígame, Rogers, aparte de ustedes dos y nosotros, ¿hay alguien más en la isla?

—No, señor.

—¿Está seguro?

—Completamente seguro.

—No me explico qué intenciones tuvo nuestro desconocido anfitrión al reunirnos en esta casa. A mi juicio esta persona, hombre o mujer, no está en posesión de sus plenas facultades mentales.

—Creo que obraríamos bien abandonando esta isla lo más pronto posible. ¿Y si nos fuésemos esta misma noche?

—Perdón, señor –dijo Rogers–, pero no hay ningún barco en la isla.

—¿Ni una barca?

—No, señor.

—Entonces, ¿cómo se comunica usted con la costa?

—Fred Narracott viene todas las mañanas con su

lancha; trae el pan, la leche y el correo, y anota el próximo pedido.

—En este caso, todos debemos marchar mañana en la lancha de Narracott –declaró el juez.

Los reunidos fueron de su mismo parecer, excepto Anthony Marston.

—Esta huida no tiene nada de elegante –manifestó Tony–. Antes de irnos deberíamos aclarar este misterio. Parece una novela policíaca... de las más emocionantes.

—A mis años no se buscan estas emociones –le replicó agriamente el magistrado.

—La vida es cada vez más breve. Los asuntos criminales me apasionan. ¡Bebo a la salud de los asesinos! –le contestó Tony, riéndose con sarcasmo.

Llevó su vaso a la boca y lo vació de un trago. De repente, pareció que se ahogaba; sus facciones se crisparon y sus carrillos tomaron un color purpúreo. Trató de respirar y se derrumbó al pie de su butaca, dejando caer el vaso sobre la alfombra.

Capítulo V

E l golpe fue tan inesperado que todo el mundo quedó estupefacto. Los espectadores, como clavados en el suelo, miraban el cuerpo inanimado del joven.

Por fin, el doctor saltó de su silla y se arrodilló para examinarlo; levantó la cabeza y, con voz que el miedo desfiguraba, exclamó:

—¡Dios mío! ¡Ha muerto!

Al principio nadie se movió.

¿Muerto? *¿Muerto?* Este joven que parecía un héroe nórdico, que desbordaba de salud, en la plenitud de sus fuerzas, había sido fulminado en un abrir y cerrar de ojos.

«¡Qué diablos! ¡A esa edad no se muere uno así! ¡Un whisky no era causa suficiente para que un hombre tan fuerte muriese!»

Nadie podía admitirlo.

El doctor examinó la cara del muerto y olfateó sus labios azulados, torcidos en una mueca. Después cogió el vaso en el que había bebido Marston.

—¿Muerto? –inquirió el general–. ¿Es posible que este joven se haya ahogado?

—Llámelo así si quiere –manifestó el doctor–. Lo cierto es que murió asfixiado.

Olió el vaso; pasó un dedo por el fondo y se lo llevó a la punta de la lengua. Cambió de expresión súbitamente.

—Jamás he visto morir a un hombre tan de repente... –declaró el general MacArthur–... ahogado.

—¡En plena vida pertenecemos a la muerte! –exclamó miss Brent con voz clara y penetrante.

—No, un hombre no muere por un simple acceso de tos –afirmó bruscamente el doctor–. La muerte de Marston no ha sido natural.

—¿Había algo en el whisky? –se atrevió a decir bajito Vera.

—Sí. No sabría precisar la naturaleza del veneno, pero todo me hace creer que se trata de cianuro. Descarto el ácido prúsico; debe de ser cianuro potásico que mata de manera fulminante.

—¿Había restos de veneno en el vaso? –preguntó el magistrado.

—Sí.

El doctor Armstrong se dirigió a la mesa donde se encontraban las botellas. Destapó la del whisky, la olió, probó de ella e hizo lo mismo con la soda.

—No encuentro nada sospechoso –concluyó el doctor, inclinando la cabeza.

—¿Cree usted que él mismo se habría puesto el veneno? – indicó Lombard.

—Eso parece –respondió Armstrong sin gran convicción.

—¿Entonces es un suicidio? –preguntó Blove–. ¡Qué extraño! ¿No les parece?

—Jamás habría creído que un hombre tan jovial y tan vigoroso pensara suicidarse –murmuró Vera lentamente–. Cuando esta tarde llegó en su coche, parecía como un... ¡Oh, no sabría explicarlo!

Pero todos adivinaron la idea que quería expresar. Anthony Marston, en la flor de su juventud, les produjo la impresión de un ser sobrenatural, y ahora estaba allí, inerte, en el suelo...

—¿Ven ustedes posible alguna otra hipótesis que la del suicidio? –preguntó Armstrong.

Nadie contestó. No acertaban a dar con una explicación razonable. Nadie había descubierto nada. Todos vieron cómo él mismo se había servido el whisky.

Parecía lógico, pues, que si había cianuro en su bebida, fuera él mismo quien lo hubiera puesto.

Y sin embargo... ¿qué motivos tenía Anthony Marston para querer morir?

—Doctor –observó Blove pensativamente–, todo esto me parece increíble. Marston no era del tipo de los que se suicidan.

Armstrong era del mismo parecer.

—Lo mismo pienso yo.

Las cosas quedaron así. ¿Qué más podían hacer? Entre Armstrong y Lombard, subieron el cuerpo de Marston a su habitación y lo taparon con una colcha.

Cuando descendieron, los otros formaban un grupo y sentían frío a pesar de lo templado de la noche.

—Haremos bien en acostarnos, ya es muy tarde –dijo miss Brent.

El consejo era acertado, pues era ya más de medianoche; sin embargo, todos esperaban: parecía que nadie quería abandonar la reunión, como si buscasen un consuelo con su compañía.

—Es cierto que todos tenemos necesidad de dormir –declaró el juez Wargrave.

—Todavía no he levantado la mesa –protestó Rogers.

—Ya lo hará mañana –le dijo Lombard.

—¿Se encuentra mejor su mujer? –le preguntó el doctor.

—Subiré a verla, señor.

Al cabo de unos minutos volvió.

—Está durmiendo, señor.

—Muy bien, no la despierte –le aconsejó el doctor.

—No lo haré, señor. Voy a arreglar el comedor, cerraré las puertas con llave y en seguida me acostaré.

A su pesar, los invitados se retiraron a sus habitaciones. Si hubiesen estado en una vieja casona con escaleras y suelos cimbreantes, con rincones llenos de sombras por todas partes y paredes artesonadas y oscuras, hubiesen podido sentir siniestros temores, pero no era ese el caso.

En esta vivienda ultramoderna, exenta de oscuros rincones, con la luz eléctrica derramada a chorros, todo era nuevo, brillante, resplandeciente, nada malo podía suceder; faltaba por completo el ambiente de los viejos caserones atormentados.

Y, sin embargo, inspiraba a los reunidos un temor inexplicable.

Se desearon las buenas noches y entraron en sus respectivos dormitorios. Casi inconscientemente todos echaron el cerrojo.

En su alegre habitación, con las paredes pintadas de color azul, el juez se desnudaba dispuesto a meterse en la cama.

Pensaba en Edward Seton. La imagen del condenado se le aparecía con toda claridad. Veía sus cabellos rubios y sus ojos azules mirando con cordial franqueza. Esto fue lo que más impresionó al jurado.

Al fiscal Llewelin le faltó tacto, y en su pomposo informe quiso probarlo todo.

En cuanto a Matthews, el abogado defensor, estuvo muy bien. Su interrogatorio conciso y bien llevado había sido favorable a Seton. Y creyó haber ganado por completo el caso.

El juez dio cuerda a su reloj y lo colocó sobre la mesilla de noche.

Se acordaba como si fuese ayer de esta sesión del

tribunal; escuchaba, tomaba notas y hacía resaltar el menor testimonio contra el acusado.

Este proceso fue para él una victoria profesional. El abogado defensor estuvo admirable, tanto que el fiscal que informó después no pudo borrar la buena impresión que había causado la defensa. Fue él, al hacer el resumen de los testimonios y los debates, antes de la deliberación del jurado, quien lo consiguió.

Con gesto meticuloso el juez Wargrave se quitó su dentadura postiza y la puso en un vaso de agua. Sus labios arrugados se cerraron y dieron a su boca un pliegue cruel. Bajó los párpados y esbozó una sonrisa. ¡A pesar de todo había conseguido arreglarle las cuentas a Seton!

Gruñendo contra su reumatismo, se metió en la cama y apagó la luz.

En el comedor, Rogers estaba perplejo. Contemplaba las figurillas de porcelana que había sobre la mesa.

«¡Esto es extraordinario! ¡Hubiera jurado que había diez!», pensó.

El general MacArthur daba vueltas en su cama. El sueño no llegaba.

En la oscuridad veía la figura de Arthur. Había sentido por él una verdadera amistad y cariño. Le gustaba por la simpatía que le testimoniaba Leslie.

¡Ella era tan caprichosa! ¡Cuántos jóvenes se habían enamorado de ella, a los que trataba de «patanes», su palabra favorita!

Sin embargo, Arthur Richmond no fue a sus ojos un patán; desde el principio se entendieron. Discutían de teatro, música, pintura. Ella se divertía, burlándose de él hasta que se enfadaba. Y él, MacArthur, veía con agrado el interés casi maternal que su mujer profesaba al joven.

¡Interés maternal! ¡Qué falsedad! Fue un tonto al no darse cuenta de que Richmond tenía veintiocho años y Leslie veintinueve.

MacArthur amaba a su mujer. En su imaginación la veía ahora: su boca en forma de corazón, y sus ojos grises, profundos e impenetrables bajo sus espesos bucles. Sí, la había querido y adorado ciegamente.

Allá, en el frente francés, en plena batalla, pensaba en ella y, con frecuencia, se deleitaba contemplando el retrato que llevaba siempre en el bolsillo de su guerrera.

¡Pero un día lo descubrió todo!

Ocurrió como en las novelas: una carta metida por equivocación en un sobre distinto. Ella escribió a los dos hombres y puso la carta amorosa en el sobre de su marido. Después de tantos años, aún sentía el dolor que le produjo.

¡Dios mío, lo que había sufrido!

Sus culpables relaciones databan de bastante tiempo, la carta lo atestiguaba. Fines de semana... El último permiso de Richmond...

Leslie... *¡Leslie y Arthur!*

Innoble individuo. Su falsa sonrisa... su afectada educación: «Sí, mi general.» ¡Hipócrita! ¡Mentiroso! ¡Ladrón de mujeres!

Con su calma habitual había estado elaborando un plan de venganza. Se esforzó en demostrarle a Richmond la misma amabilidad de siempre.

¿Lo había logrado? Podría ser. Lo cierto era que Richmond no sospechó nada. Los cambios de humor se explicaban fácilmente allí donde los nervios de los hombres estaban sujetos a dura prueba. Sólo el joven Armitage le miraba algunas veces de una manera muy rara, y el día que decidió llevarlo a cabo se dio cuenta de sus intenciones.

Con toda sangre fría MacArthur envió a Richmond a la muerte, sólo un milagro podía salvarlo, y este milagro no se produjo.

Sí, envió a Richmond a la muerte y no sintió nada. ¡Qué fácil fue aquello! Los errores se multiplicaban diariamente. La vida de un hombre no contaba. Todo era confusión y pánico. Después sólo dirían: «El viejo MacArthur no era dueño de sus nervios, ha cometido faltas tontas y ha enviado a la muerte a sus mejores hombres.» ¡He ahí todo!

Después de la guerra... ¿Armitage habría hablado?

Leslie no estaba al corriente de nada... Seguramente lloró la muerte de su amante, pero su pena se había esfumado cuando su marido volvió a Inglaterra. Jamás le dijo nada referente a su infidelidad.

Entre ellos la vida continuó normalmente... salvo que a sus ojos ella había perdido su aureola de virtud. Tres o cuatro años después, Leslie murió de pulmonía.

«Pero todo esto queda muy lejos: quince años... quizá dieciséis», pensaba.

Se retiró del ejército para irse a la región del Devon, donde compró una casita, el sueño de su vida. Simpáticos vecinos, bonito paisaje, ir a cazar, abundante pesca...

El domingo asistía a los oficios, a excepción del día en que el pastor leía aquel pasaje de la Biblia en donde David envía a Urías a combatir en primera fila del combate.

No, esto era demasiado para él; ese fragmento de la Biblia lo turbaba en extremo.

Todo el mundo, al principio, le trataba con amabilidad...

Después tuvo la impresión de que se hablaba de él... Las gentes le miraban de reojo, como si les hubiese robado algo. Los rumores crecían... Supuso que Armitage había hablado.

Evitó la gente y se encerró en un mundo creado por él, sólo para sus pensamientos y recuerdos. Prescindió hasta de sus viejos camaradas.

Los hechos y los recuerdos se iban esfumando. Leslie se desvanecía en un pasado lejano, lo mismo que Richmond. ¡Qué importaba ya todo esto, actualmente!

Pero esta noche sintió una inquietud en su espíritu al oír la voz... aquella voz que parecía de ultra-tumba, diciendo la verdad.

¿Había adoptado la actitud adecuada? ¿Le ha-bían temblado sus labios? ¿Consiguió expresar su indignación y su disgusto... o le traicionó su con-fusión, su culpabilidad? ¡Qué asunto más embara-zoso!

Seguramente ninguno de los invitados tomó en serio esta acusación. La voz había proferido toda clase de enormidades, a cuál más inverosímil. Por ejemplo, ¿no le había reprochado a aquella encanta-dora joven el haber ahogado a un niño? ¡Disparates! ¡Un monomaníaco que sentía el placer de acusar a los demás a troche y moche!

Emily Brent, la sobrina de su viejo compañero de armas, Tom Brent, estaba acusada, como él, de ho-micidio. Saltaba a la vista que esta mujer era una persona piadosa, siempre metida en la iglesia.

«¡Qué asunto más estrafalario! –se decía–. ¡Una verdadera locura! ¿Cuándo podré abandonar la is-la? Mañana, seguramente, cuando llegue la lancha de Narracott...»

¡Bravo...! En este preciso momento no deseaba sino salir de la isla del Negro y abandonar la casa con todos sus problemas. Por la ventana abierta le llegaba el ruido de las olas rompiendo en el acantila-do, más fuerte ahora que al caer la tarde. Paulatina-mente se levantaba el viento.

«Ruido monótono... paisaje apacible... –pensó–. La ventaja de una isla consiste en la imposibilidad que tiene el viajero de ir más lejos, como si hubiera llegado al fin del mundo...»

De repente se dio cuenta de que no deseaba más que alejarse de aquella isla.

Tendida en su cama, con sus ojazos abiertos, Vera Claythorne miraba fijamente al techo.

Asustada por la oscuridad, no apagó la luz.

«Hugo... Hugo... –pensaba–. ¿Por qué te siento tan cerca de mí esta noche? ¿Dónde estás? No lo sé. Y jamás lo sabré. ¡Desapareciste de mi vida tan bruscamente!»

¿A qué remover recuerdos? Hugo absorbía todos sus pensamientos. Soñaba siempre con él; no lo olvidaría jamás.

Cornualles... las rocas negras... la arena tan fina... La buena señora Hamilton... el pequeño Ciryl que la cogía de la mano lloriqueando.

«Quiero nadar hasta las rocas, miss Claythorne. ¿Por qué no me deja ir hasta allá?», le decía.

Cada vez que levantaba los ojos veía a Hugo que la miraba.

Por la noche, cuando el niño dormía, Hugo le rogaba que saliese con él.

—Venga conmigo, miss Claythorne, daremos un paseo.

—Si usted quiere...

El clásico paseo por la playa, a la luz de la luna... el aire templado del Atlántico. Hugo la cogía por la cintura.

—La quiero, Vera. ¡Si usted supiese cuánto la quiero! –Ella lo sabía, o al menos creía saberlo.

—No me atrevo a pedir su mano... no tengo dinero, sólo el justo para mal vivir. Sin embargo, durante tres meses tuve la esperanza de llegar a ser rico. Tres meses después de la muerte de su padre, Ciryl todavía no había nacido. Si hubiese sido una niña...

Si hubiese sido una niña, según las leyes inglesas, Hugo hubiese heredado el título y el dinero. Tuvo una gran decepción.

—Es cierto que no me hacía muchas ilusiones; usted ya sabe que la vida es cuestión de suerte... Ciryl es un niño encantador, a quien yo quiero mucho.

Estan era la pura verdad. Hugo adoraba al niño y se prestaba a todos los caprichos de su sobrino. En su alma noble no podía albergar el odio.

Ciryl era de constitución débil, canijo, sin resistencia alguna; seguramente no llegaría a viejo.

Entonces, ¿por qué...?

—Miss Claythorne, ¿por qué no me deja nadar hasta las rocas?

Siempre esa insistente y exasperante cuestión...

—Están muy lejos, Ciryl.

—Ande, déjeme...

Vera saltó de la cama, sacó del cajón del tocador tres tabletas de aspirina y se las tomó.

«¡Si tuviese un buen soporífero, terminaría con esta miserable vida, tomándome una fuerte dosis! Podría ser veronal... o cualquier droga similar, pero no cianuro», pensaba.

Se estremeció al pensar en la cara descompuesta de Anthony Marston.

Al pasar por delante de la chimenea, miró el cuadro de metal cromado con los versos de la popular canción.

Diez negritos se fueron a cenar.
Uno se ahogó y quedaron:
Nueve.

«¡Es horroroso! Exactamente lo que ha pasado esta noche –decía para sí–. ¿Por qué Anthony Marston se ha suicidado?

Vera no pensaba hacerlo. Rechazaba la idea de su muerte. ¡Morir... estaba bien para los demás!

CAPÍTULO VI

El doctor soñaba.

Hacía un calor excesivo en la sala de operaciones. La temperatura era con toda seguridad exagerada.

El sudor cubría su cara. Sus manos húmedas sostenían torpemente el bisturí. ¡Qué instrumento tan aguzado! Se podía fácilmente matar a alguien con una hoja tan afilada. En este momento iba a matar a un ser humano.

El cuerpo de su víctima le era indiferente. No era la mujer gruesa de la otra vez, pero sí una forma delgada a la cual no veía la cara.

¿Por qué tenía, pues, que matarla? No se acordaba de nada. Le fallaba, por lo tanto, su memoria. ¿Y si preguntase a la enfermera?

Ésta le observaba... pero no decía nada. Leía la desconfianza en sus ojos.

¿Quién era esta persona echada sobre la mesa de operaciones? ¿Por qué le habían tapado la cara?

¡Al fin! Un joven interno quitó el paño que le cubría el rostro y descubrió los rasgos de la mujer.

Era Emily Brent, naturalmente, con sus maliciosos ojos. Movía los labios. ¿Qué decía...? «En plena vida pertenecemos a la muerte...»

Ahora se reía.

—No, señorita; no le ponga ese paño otra vez –dijo a la enfermera–, tengo que anestesiarla. ¿Dónde está la botella de éter? ¡La traje conmigo! ¿Qué ha hecho usted con ella, señorita...?

—Quite ese paño, enfermera, se lo ruego...

¡Ah! Ya me lo parecía. ¡Éste es Anthony Marston! Su semblante rojo y convulso... pero no está muerto, se está mofando... os juro que se burla... sacude la mesa de operaciones... ¡Enfermera, sujételo bien!

El doctor Armstrong se despertó sobresaltado. Ya era de día y el sol entraba a raudales en la habitación. Alguien, inclinado sobre él, le sacudía.

Era Rogers. Un Rogers emocionado y asustado.

—¡Doctor! ¡Doctor!

Abrió los ojos y se sentó en la cama.

—¿Qué pasa? –balbuceó.

—Es mi mujer, doctor, no la puedo despertar. He probado todos los medios. ¡Dios mío! Debe de ocurrirle algo grave, doctor...

Saltó vivamente de la cama, se puso una bata y siguió a Rogers.

Se inclinó sobre la criada, que yacía en la cama, tomó su mano fría y levantó sus párpados. A los pocos instantes Armstrong se enderezó y, lentamente, se alejó de la cama.

—¿Ella ha...? ¿Es qué...? –murmuró Rogers.

Armstrong hizo un signo significativo.

—¡Todo ha terminado!

Pensativo, examinó al hombre que tenía delante; se dirigió hacia la mesilla de noche, luego hasta el tocador y, finalmente, volvió al lado de la mujer.

—¿Ha sido... ha sido su corazón, doctor?

Armstrong dudó unos instantes antes de hablar.

—Rogers, ¿su mujer gozaba de buena salud?

—Sufría de reumatismo.

—¿La ha visitado últimamente algún médico?

—¿Un médico? Hace muchos años que no nos ha visitado un médico, ni a mi mujer ni a mí.

—Entonces, no tiene usted motivo para suponer que padecía alguna enfermedad del corazón.

—No lo sé, doctor; lo ignoro.

—¿Dormía bien?

Los ojos del criado evitaron la mirada penetrante del doctor. Se retorcía las manos.

—En realidad no dormía bien... –susurró–. No...

—¿Tomaba alguna cosa para dormir?

Rogers pareció sorprendido.

—¿Medicina para dormir? Que yo sepa, no; estoy casi seguro.

Armstrong volvió al tocador, donde había muchos frascos: loción capilar, colonia, glicerina, pasta dentífrica...

Rogers abría los cajones de la mesa y de la cómoda, pero en ninguno había trazas de narcóticos líquidos o en comprimidos.

—Anoche ella se tomó lo que usted le había dado, doctor.

A las nueve, cuando el gong anunció el desayuno, todos los invitados estaban ya dispuestos esperando esta llamada.

El general MacArthur y el juez Wargrave se paseaban por la terraza y sostenían una discusión sobre asuntos políticos.

Vera y Lombard habían trepado a lo alto de la isla. Por detrás de la casa sorprendieron a Blove mirando a la costa.

—Ningún barco a la vista; desde hace un largo rato espío la llegada de esa famosa embarcación.

Vera tenía un semblante sombrío.

—En Devon –observó–, las sábanas se pegan y el día comienza muy tarde.

Lombard contemplaba el mar.

—¿Qué piensa del tiempo?

—Hará bueno –respondió Blove, elevando la vista hacia el cielo.

Lombard silbó.

—Antes de que llegue la noche tendremos viento –declaró a continuación.

—¿Tempestad? –preguntó Blove.

Desde abajo les llegó el sonido del gong.

—Vamos a desayunar; tengo un hambre de lobo –dijo Lombard.

—No salgo de mi sorpresa... –dijo Blove con voz inquieta, bajando ya la cuesta–. ¿Qué razón tenía ese joven Marston para suicidarse? Esta idea me ha atormentado toda la noche.

Lombard se detuvo para contestarle.

—¿Concibe otra hipótesis que no sea la del suicidio?

—Me harían falta pruebas, un móvil para empezar. Debía de ser muy rico ese joven.

Saliendo por la puerta del salón vino a su encuentro Emily Brent.

—¿Ha llegado el barco? –preguntó a Vera.

—Todavía no.

Entraron en el comedor. Sobre la mesa había una inmensa fuente con jamón y huevos, té y café.

Rogers, que les había abierto la puerta, la cerró tras ellos.

—Este hombre tiene cara de estar enfermo –observó miss Brent.

—Es lógico que nos mostremos indulgentes esta mañana con el servicio. Rogers ha tenido que encargarse solo de la preparación del desayuno, y lo ha hecho lo mejor posible. La señora Rogers ha sido incapaz de cuidarse de ello...

—¿Qué le pasa a la señora Rogers? –preguntó miss Brent, inquieta.

El doctor Armstrong, cual si no hubiese entendido la pregunta, dijo:

—Sentémonos. Los huevos se van a enfriar; después, discutiremos todos los asuntos.

Se acomodaron, sirviéndose el desayuno y empezaron a comer. De común acuerdo, todos se abstuvieron de hacer la menor alusión a la isla del Negro. Y se entabló una conversación frívola sobre deporte, los acontecimientos actuales en el extranjero y la reaparición de la monstruosa serpiente marina.

La comida se terminó. El doctor retiró su silla, se aclaró la voz y, dándose aires de importancia, comenzó a decir:

—He creído preferible esperar a que desayunaran para informarles de una nueva tragedia. La mujer de Rogers ha muerto mientras dormía.

Todos se sobresaltaron.

—¡Pero esto es horrible! –exclamó Vera–. Dos muertes en esta isla desde ayer...

—¡Ummm! Es extraordinario. ¿Y sabe usted cuál es la causa de la muerte? –preguntó el juez.

Armstrong alzó los hombros en un gesto de ignorancia.

—Imposible dar un diagnóstico a primera vista.

—¿Practicará usted la autopsia?

—Desde luego; no puedo dar el permiso de inhumación sin esta formalidad; y además, ignoro totalmente cuál era el estado de salud de esta mujer.

—Ayer parecía estar muy nerviosa –declaró Vera–. Por la noche recibió una conmoción; creo que debió morir de un ataque cardíaco.

—Es cierto, el corazón le falló... –replicó el doctor–. Pero, ¿qué fue lo que provocó este ataque al corazón? Esa es la pregunta.

Una palabra se escapó de los labios de Emily

Brent, dejando una sensación desagradable entre todos.

—¡Su conciencia!

Armstrong se volvió hacia ella.

—¿Qué insinúa, miss Brent?

—Todos lo oyeron; ella y su marido fueron acusados de haber matado a sangre fría a su antigua señora, una anciana – respondió.

—Entonces, ¿cree...?

—Creo que esa acusación es cierta. Ayer noche, ustedes la vieron, lo mismo que yo, cómo se desvanecía al oír la revelación de su atentado. No pudo soportar el recuerdo de su fechoría... Ha muerto de miedo.

—Su hipótesis es aceptable, pero no se puede aceptar sin saber si esta pobre mujer padecía una enfermedad cardíaca –arguyó el doctor.

—Si usted lo prefiere –insistió miss Brent–, llámelo castigo del cielo.

Todos se escandalizaron.

—Miss Brent –replicó Blove indignado–, usted lleva las cosas demasiado lejos.

La solterona le miró con ojos brillantes.

—¿Ustedes creen imposible –declaró, levantando el mentón– que un pecador sea castigado por la cólera divina? ¡Yo no!

—Estimada señorita –murmuró el juez con ironía–, la experiencia me ha enseñado que la Providencia nos deja a nosotros, mortales, la misión de castigar a los culpables. Nuestra tarea está a veces erizada de dificultades y no es muy expeditiva.

Miss Brent alzó los hombros con incredulidad.

—¿Qué cenó anoche y qué bebió cuando estaba ya en la cama? – preguntó Blove.

—Nada –respondió el doctor.

—Usted afirma que no bebió nada, ¿ni siquiera una taza de té o un vaso de agua?

—Apostaría a que bebió una taza de té; es el remedio habitual de esta gente.

—Rogers sostiene que no tomó nada.

—¡Claro! Puede decir lo que quiera –replicó Blove de una manera tan rara que el doctor se le quedó mirando.

—Entonces, ¿ésta es su opinión? –preguntó Philip Lombard.

—¿Por qué no? –añadió Blove–. Anoche escuchamos todos esa acusación. No puede ser más que la broma de un loco, ¡pero quién sabe! Supongamos por un momento que sea cierto que Rogers y su mujer dejaron morir a la vieja; ellos se creían seguros y se felicitaban por su buena suerte...

—La señora Rogers no parecía muy tranquila –le interrumpió Vera.

Muy enfadado por esta interrupción, Blove miró a la joven como si quisiera decirle: «Todas iguales» y continuó:

—Puede ser. De todas formas, ni Rogers ni su mujer se creían en peligro hasta anoche en que se descubrió el enredo. ¿Qué pasó entonces? La mujer se desvaneció y perdió el conocimiento. ¿Se fijaron ustedes en el cuidado que tuvo su marido en no dejarla sola cuando volvió en sí? Había algo más que solicitud conyugal. Temía que revelase sus secretos.

»Y he ahí donde estamos. Esos dos han cometido un crimen, y ahora, al ser descubierto, ¿qué podría suceder? Pues habría nueve posibilidades contra diez de que la mujer se delatara; no tendría valor para seguir mintiendo hasta el final, y eso era un peligro para su marido; y éste, que tiene valor suficiente para callar siempre, no se fía de su mujer. Si ella hablara, él correría el riesgo de ser ahorcado. ¿Qué cosa más natural que poner un veneno en la taza de té y cerrar así para siempre la boca de su mujer?

—Pero, ¡si no había ninguna taza vacía en el cuarto! Me aseguré yo mismo –objetó el doctor.

—Eso es lo natural –dijo Blove–. En cuanto tomó el brebaje, el primer cuidado del marido sería llevarse la taza y el platillo comprometedores y lavarlos.

Hubo una pausa y fue el general MacArthur el que habló después:

—Me parece imposible que un hombre pueda obrar así con su mujer.

—Cuando un hombre siente que su vida peligra, el cariño no tiene nada que ver –respondió Blove.

En este momento la puerta se abrió y entró Rogers.

—¿Quieren que les sirva alguna otra cosa? –preguntó, mirando la mesa y a los invitados–. Perdónenme si no había bastante asado, pero nos queda muy poco pan y el de hoy todavía no lo han traído.

—¿A qué hora suele venir el barco de Narracott? –preguntó el juez.

—De siete a ocho, señor. A veces, pasadas las ocho. Me pregunto qué le habrá pasado a Fred, pues si estuviera enfermo enviaría a su hermano.

—¿Qué hora es, pues? –preguntó Lombard.

—Las diez menos diez, señor.

Philip Lombard movió ligeramente la cabeza.

Bruscamente, el general se dirigió a Rogers.

—Siento muchísimo lo ocurrido a su mujer. –Su voz denotaba emoción–. El doctor nos lo acaba de contar.

—Ya ve, señor... Se lo agradezco mucho.

Se llevó la fuente del jamón, ya vacía, y salió del comedor.

De nuevo se hizo el silencio.

Fuera, en la terraza, Philip Lombard contemplaba el mar.

—En cuanto a esa lancha...

Blove, a su lado, le miró.

—Adivino sus pensamientos, mister Lombard –dijo, bajando la cabeza–. Yo me he preguntado lo mismo; Narracott hace más de dos horas que debiera estar aquí y aún no ha llegado con su lancha. ¿Por qué?

—¿Usted encuentra una explicación?

—No es un accidente. Oiga lo que pienso. Creo que esto forma parte de la *mise en scène*. En este asunto todo es posible.

—Entonces, ¿usted cree que no vendrá ya? –añadió Lombard.

Tras ellos habló una voz impaciente.

—La lancha no vendrá.

Blove volvióse ligeramente y descubrió al que acababa de proferir esta sentencia.

—Entonces, mi general, ¿usted también duda de que venga?

—Seguro que no vendrá; todos contamos con esa embarcación para abandonar la isla del Negro, pero, ¿quiere saber mi opinión? Pues que no nos marcharemos de esta isla. Ninguno de nosotros saldrá de ella. Esto es el fin... ¿Me comprenden...? ¡El fin de todos!

Dudó un momento.

—Disfrutemos de la paz... –prosiguió con voz extraña–. Sí, de una paz duradera... llegaremos al final del viaje... no más inquietudes... la paz...

Dio media vuelta y se alejó por la terraza hacia la pendiente que conducía al mar, en el extremo de la isla donde las rocas se despegaban y a veces caían al mar. Andaba como si estuviese adormecido.

—Uno que está ya medio loco –exclamó Blove–. Creo que todos vamos a perder la chaveta.

—Me parece que usted no –rectificó Lombard.

—Hacen falta muchas más cosas para enloquecerme –se rió el detective–, y apuesto a que usted tampoco sucumbirá a la demencia colectiva.

—Por ahora me encuentro sano de cuerpo y espíritu –añadió Lombard.

El doctor Armstrong salió a la terraza. Tuvo un momento de indecisión: a su izquierda se encontraban Blove y Lombard; a la derecha, Wargrave se paseaba meditabundo.

En el instante en que Armstrong, tras decidirse, se dirigía al juez, Rogers salió de la casa con prisas.

—Doctor, ¿podría hablarle unas palabras tan sólo?

Armstrong se volvió, y pareció sorprendido de la expresión del criado. Éste tenia la faz verdosa y las manos temblorosas. El contraste entre la reserva de antes y su emoción actual era tan chocante que el doctor quedó estupefacto.

—Doctor –insistió–, necesito hablarle inmediatamente. ¿Quiere usted que entremos en la casa?

Penetraron en ella.

—¿Qué le pasa, Rogers? Tranquilícese usted.

—Venga por aquí, doctor.

Abrió la puerta del comedor, por la cual entró el doctor, y Rogers cerró la puerta tras de él.

—Bueno, ¿qué es lo que pasa?

—Mire, señor; aquí pasan cosas muy raras que yo no comprendo. Usted me creerá un loco, señor, pero es necesario averiguar cómo ha ocurrido, porque yo no me lo explico.

—Bueno, ¿me quiere decir de qué se trata? No me gustan las adivinanzas.

—Se trata de las figuritas de porcelana que están encima de la mesa. Había diez; le puedo jurar que había diez.

—Es cierto, las contamos ayer noche a la hora de la cena.

Rogers se acercó.

—Es justamente esto lo que me enloquece. Ayer noche, cuando quité la mesa, no había más que nueve. Me pareció raro, pero no le di ninguna importancia. Y esta mañana, al poner los cubiertos para el desayuno... estaba tan emocionado. Pero hace unos momentos vine para retirar el servicio... Cuéntelas usted mismo si no me cree; sólo hay ocho. ¿No es esto incomprensible, señor? ¡Solamente ocho!

Capítulo VII

Después del desayuno, miss Brent invitó a Vera a subir a lo alto de la isla para vigilar la llegada de la embarcación. Y Vera aceptó.

El viento había cambiado y era más fresco. Crestas de espuma aparecían en el mar. En el horizonte no se veía ninguna barca de pesca... y ni la menor señal de la lancha.

La costa de Sticklehaven era invisible, no se divisaban sino los rojos acantilados que dominaban y ocultaban la pequeña bahía.

—Me pareció que el hombre que nos trajo ayer era bastante formal –manifestó miss Brent–. Es verdaderamente raro que se retrase tanto esta mañana.

De momento, Vera no respondió; trataba de reprimir su nerviosismo. «Debo conservar mi sangre fría. En este momento no me reconozco, ya que acostumbro a tener más valor», pensó.

Al cabo de un instante dijo en voz alta:

—Deseo ver llegar esa lancha, pues quiero marcharme de aquí.

—Todos deseamos marcharnos de esta isla –exclamó miss Brent sobresaltada.

—¡Esta aventura es tan fantástica! No entiendo nada –suspiró Vera.

—Me he dejado engañar muy fácilmente –dijo miss Brent–; esta carta era absurda, si una se toma la molestia de examinarla detenidamente. Pero cuando la recibí no tuve la menor sospecha.

—Lo comprendo muy bien.

—No se desconfía bastante en la vida.

—¿Piensa usted de veras lo que dijo durante el desayuno? –dijo Vera después de un largo suspiro.

—Sea un poco más precisa. ¿A qué se refiere?

—¿Cree usted verdaderamente que Rogers y su mujer dejaron morir a su señora? –preguntó Vera en voz baja.

Miss Brent miró largamente al mar.

—Personalmente estoy convencida. Y usted, ¿qué opina?

—No sé qué pensar.

—Todo parece confirmar mi idea. La forma en que se desvaneció la criada en el momento en que su marido dejaba caer la bandeja con el servicio del café. Recuérdelo. Después, las explicaciones de Rogers... sonaban a falso. ¡Desde luego, para mí son culpables, sin duda alguna!

—Esa pobre mujer parecía tener miedo de su sombra –declaró Vera–. Jamás he visto una cara de terror como la suya. Los remordimientos debían perseguirla...

—Me acuerdo de un texto que había en un marco colgado en mi cuarto cuando era niña –murmuró miss Brent–: «Ten por seguro que tus pecados remorderán tu conciencia.» Es la mayor verdad, nadie escapa a sus propios remordimientos.

Vera, que estaba sentada en una roca, se puso precipitadamente en pie.

—Miss Brent... miss Brent... en este caso...

—¿Qué?

—¿Los otros? ¿Qué me dice usted?

—No comprendo lo que pretende insinuar.

—¿Todas las demás acusaciones serían falsas? Si la voz decía la verdad referente a los esposos Rogers...

Se interrumpió, incapaz de poner en orden el caos de sus pensamientos.

La frente arrugada de miss Brent se serenó.

—¡Ah! Ya veo dónde quiere usted ir a parar. Tomemos, por ejemplo, la acusación contra Lombard. Declaró haber abandonado a la muerte a veinte hombres.

—No eran más que indígenas... –comentó Vera.

—Blancos o negros, todos los hombres son hermanos –dijo indignada miss Brent.

«Nuestros hermanos, los negros... –refunfuñó Vera para sí– ... los hermanos de color... Eso me da ganas de reír. Me encuentro muy nerviosa hoy.»

—Naturalmente –prosiguió miss Brent–, las otras acusaciones eran exageradas y hasta ridículas. Así, el reproche contra el juez Wargrave, que cumplió con su deber, igual que el caso del ex detective de Scotland Yard... y también el mío.

Después de una breve pausa continuó:

—En vista de las circunstancias preferí no contar nada anoche. Me dolía tener que hacerlo delante de esos señores.

—¿De veras?

Vera escuchaba atentamente y miss Brent le contó la historia.

—Beatriz Taylor era mi criada. No era una joven sensata, pero lo descubrí demasiado tarde; me desilusionó mucho. Tenía buenos modales, y era voluntariosa y servicial. Al principio me satisfizo, pero todas estas cualidades eran sólo la fachada de un interior hipócrita de costumbres ligeras y, desde luego, sin moralidad. Una criatura espantosa. Pasaron muchos meses antes de que descubriese que estaba encinta. Me escandalicé, pues sus padres eran personas decentes que le habían inculcado buenas ideas. Debo decir que no aprobaron la conducta de su hija.

Vera miraba fijamente a miss Brent.

—¿Qué pasó entonces?

—Pues que no la tuve ni una hora más debajo de mi techo. Nadie me reprochará de alentar el vicio.

Bajando la voz, Vera insistió:

—Pero, ¿qué le pasó?

—Esa inmunda criatura, no satisfecha de tener sobre su conciencia un pecado, cometió otro más grande aún: se suicidó.

—¡Se mató! –exclamó Vera horrorizada.

—Sí, arrojándose al mar.

Temblorosa, Vera estudió el delicado perfil de la solterona.

—¿Qué sintió usted al saber que la desesperación la llevó al suicidio? –le preguntó–. ¿Se reprocharía usted su conducta?

—¿Yo? ¿Qué tenía que reprocharme?

—Su severidad la empujó a la muerte.

—Fue víctima de su propio pecado –replicó miss Brent con terquedad–. Si se hubiese conducido como una joven honesta, nada de eso hubiera ocurrido.

Volvió la cabeza hacia miss Claythorne. Los ojos de miss Brent no expresaban ningún remordimiento. Sólo se reflejaba en ellos la imagen de una conciencia severa y rígida.

Sentada en la cima de la isla del Negro, estaba protegida por la coraza de sus virtudes.

Esta mujer no parecía ridícula a los ojos de Vera. Pero de repente... vio en Emily Brent un monstruo de crueldad.

De nuevo, el doctor Armstrong salió a la terraza. En este momento el juez estaba sentado en un butacón y paseaba su mirada por el océano.

Lombard y Blove, a su izquierda, fumaban su pipa en silencio.

El doctor dudó un instante, y sus ojos escrutadores miraron al magistrado. Necesitaba un consejo.

Pese a que apreciaba la lógica y lucidez del juez Wargrave, no se atrevía a dirigirse a él. El juez poseía
quizás un cerebro extraordinario, pero su avanzada
edad le predisponía a uno en su contra. Entonces
comprendió el doctor que precisaba de un hombre
de acción y se decidió en consecuencia.

—Lombard, ¿haría el favor de venir un instante?
Tengo que hablarle.

Philip se sobresaltó.

—Con mucho gusto.

Los dos hombres abandonaron la terraza y descendieron juntos la cuesta que conducía al mar.
Cuando se encontraron al abrigo de oídos indiscretos, Armstrong comenzó:

—Quería consultarle...

—¡Pero, querido doctor, si yo no sé nada de medicina!

—No, tranquilícese usted; se trata de nuestra actual situación.

—Eso es diferente, entonces.

—Francamente, dígame lo que usted piensa.

Lombard reflexionó un breve instante.

—Lo cierto es que la situación es difícil, y me pregunto cómo saldremos de ella.

—¿Cuál es su opinión sobre la muerte de esa mujer? ¿Acepta la explicación del marido?

Philip lanzó al aire una bocanada de humo.

—Sus explicaciones me parecieron bastante...
naturales, siempre que no haya pasado otra cosa
–objetó.

—Eso pienso yo también.

Armstrong tuvo una gran satisfacción al ver que había consultado a un hombre sensato.

—Al menos, admitiendo que hayan cometido un crimen y que de él se hayan aprovechado con impunidad. ¿Y por qué no? ¿Supone usted que envenenaron a su ama premeditadamente? ¿Los considera acaso unos envenenadores aventajados?

El doctor respondió lentamente.

—Las cosas han podido suceder más fácilmente todavía. Esta mañana pregunté a Rogers qué enfermedad sufría miss Brady. Y con sus respuestas me sugirió distintas perspectivas. Sería inútil perderse en largas consideraciones médicas. Sepa usted tan sólo que, en varias enfermedades cardíacas, se emplea como medicamento nitrato de anilo; en el momento de la crisis se rompe una ampolla de este producto y se le hace respirar al enfermo. Si se olvida de colocársela debajo de las narices, las consecuencias pueden ser fatales.

—¡Qué sencillo todo! La tentación sería demasiado fuerte.

—Evidentemente, no había que hacer nada comprometedor. ¡Sólo se trataba de no hacerlo! Y para que viesen su cariño hacia su señora, en esa noche tormentosa salió a buscar un médico.

—Y aunque hubiesen sospechado, ¿qué pruebas podían invocar contra ellos? Eso explicaría muchas cosas.

—¿Cuáles? –preguntó curioso Armstrong.

—Los sucesos que ocurren en esta isla del Negro. Ciertos crímenes escapan a la justicia humana. Por ejemplo: el asesinato de miss Brady por el matrimonio Rogers. Otro ejemplo, el viejo juez Wargrave ha matado sin traspasar los límites de la ley.

—Entonces, ¿usted cree esa historia?

—Jamás lo he dudado –añadió Lombard, sonriendo–. Wargrave mató a Seton tan seguro como si le hubiese clavado un puñal en el corazón, pero tuvo el acierto de hacerlo desde un sillón de magistrado, cubierto con su peluca y revestido de su toga. Desde luego, siguiendo los procedimientos ordinarios, este crimen no podría imputársele.

Un rayo de luz cruzó el cerebro del doctor Armstrong. ¡Muerte en el hospital! ¡Muerte en el quirófano! ¡La justicia es impotente en tales actos!

—¡De ahí... mister Owen! –murmuró Lombard pensativo–. ¡De ahí... la isla del Negro!

Armstrong suspiró profundamente.

—¡Llegamos así a lo interesante del asunto! ¿Con qué idea nos han reunido en esta isla?

—¿Tiene usted alguna?

—Volvamos sobre la muerte de esa mujer. ¿Qué hipótesis se nos presentan? Su marido la ha matado por miedo a que divulgue su secreto. Segunda eventualidad: ella pierde su valor y, en una crisis de desesperación, pone fin a sus días tomando una fuerte dosis de narcóticos.

—¿Un suicidio? –preguntó Lombard.

—¿Le extraña?

—Admitiría esta segunda hipótesis si no hubiese ocurrido la muerte de Marston. Dos suicidios en veinticuatro horas me parecen una coincidencia demasiado forzada. Si usted pretende que ese joven alocado de Marston, desprovisto de toda moralidad y sentimientos, haya voluntariamente puesto fin a sus días por haber atropellado a dos niños, ¡es para estallar de risa! Además, ¿cómo se procuró el veneno? El cianuro no es, me parece, una mercancía que se lleva en el bolsillo de la americana cuando se va de vacaciones. Pero en eso es usted mejor juez que yo.

—Nadie que esté en sus cabales se pasea con cianuro en su bolsillo –respondió Armstrong–. Este veneno lo ha traído alguien que quería destruir un nido de avispas.

—¿El celoso jardinero del propietario de la finca? –preguntó Philip Lombard–. En todo esto del cianuro hay que reflexionar un poco. Desde luego, no fue Marston. O bien tenía la intención de matarse antes de venir aquí... O bien...

—¿O bien...? –insistió Armstrong.

Lombard sonreía socarronamente.

—¿Por qué quiere obligarme a que lo diga? Usted tiene en la punta de la lengua lo mismo: *Anthony Marston ha sido envenenado por alguien*.

—¿Y la señora Rogers? –insistió, suspirando, el doctor.

—Aunque con ciertas reservas, habría podido creer en el suicidio de Marston si no hubiese acaecido la muerte de la mujer de Rogers. Por otra parte, habría admitido, sin dudarlo, el suicidio de la mujer si no hubiese sido por la muerte de Marston. No rechazaría la idea de que Rogers se haya desembarazado de su mujer, sin el fin inexplicable de Marston. Lo esencial es encontrar una explicación a estas dos muertes.

—Puede ser que yo le ayude a aclarar un poco este misterio.

Y Armstrong le repitió con todo detalle lo que le dijo Rogers sobre la desaparición de las dos figuritas de porcelana.

—Si las estatuillas representan negritos... había diez anoche durante la cena, y, ¿dice usted que sólo quedan ocho?

El doctor recitó los versos:

Diez negritos se fueron a cenar.
Uno se ahogó y quedaron:
Nueve.

Nueve negritos trasnocharon mucho.
Uno no se despertó y quedaron:
Ocho.

Los dos hombres se miraron. Lombard rió socarrón y arrojó su cigarrillo.

—Esas dos muertes y la desaparición de los dos negritos concuerdan demasiado bien para que sea una simple coincidencia. Marston ha sucumbido a una asfixia o a un ahogo después de cenar, y la señora Rogers ha olvidado de despertarse... porque alguien se lo impidió.

—¿Y entonces?

—Existe otra clase de negros... aquellos que se ocultan en el túnel, el misterioso X... Mister Owen. ¡El loco desconocido que anda suelto!

—¡Ah! –exclamó Armstrong satisfecho. Usted comparte mi opinión. Por tanto, veamos dónde nos conduce esto. Rogers jura que sólo están en esta isla los invitados de Owen, además de él y su mujer.

—Rogers se equivoca... a menos que mienta.

—Para mí, Rogers no miente. Está tan asustado que perdería la razón.

—Esta mañana no ha venido ninguna lancha –observó Lombard–, lo que confirma sobradamente la «conspiración Owen». La isla del Negro quedará aislada del resto del mundo para permitir a mister Owen realizar su tarea hasta el final.

El médico palideció.

—Comprenderá que ese hombre debe de estar loco de atar.

Lombard respondió con una nueva entonación en su voz.

—Mister Owen ha olvidado un pequeño detalle...

—¿Cuál?

—Esta isla no es más que una roca desnuda; la exploraremos fácilmente de arriba abajo y descubriremos la guarida de U.N. Owen.

—¡Desconfíe usted, Lombard! Ese loco debe ser peligroso.

Lombard se echó a reír.

—¿Peligroso? Seré yo el peligroso en cuanto le eche la vista encima.

Después de una pausa añadió:

—Debemos decírselo a Blove, pues, en el momento crítico, su ayuda será preciosa. En cuanto a las mujeres, es mejor no decirles nada. Y respecto a los otros, creo que el general está ya muy viejo y el juez está mejor en su sillón. ¡Nosotros tres nos encargaremos de la tarea!

Capítulo VIII

B love se dejó convencer fácilmente. En seguida explicó su proposición y expuso sus argumentos.

—Lo que me viene usted a contar sobre las figu-
ras de porcelana aclara un punto sobre esta historia.
Desde luego, esto es cosa de un loco. Me pregunto si
nuestro mister Owen no tiene intención de realizar
sus fechorías por mano de un tercero.

—¡Explíquese usted! –le indicó el doctor.

—Vean mi idea. Después que se oyó el gramófo-
no, ayer noche, Marston tuvo miedo y se envenenó.
Todo eso debe formar parte del plan demoníaco de
U.N.Owen.

Armstrong sacudió la cabeza y volvió nuevamente a hablar del cianuro.

—Había omitido este detalle –dijo Blove–. Efectivamente, no es natural llevar de aquí para allá un
veneno de tal categoría encima... Pero, entonces,
¿cómo llegó el veneno al vaso de Marston?

—He reflexionado mucho sobre este detalle

–dijo Lombard–. Ayer noche, Marston bebió varios vasos de alcohol. Pero transcurría siempre cierto tiempo entre el último y el anterior. En este intervalo, su vaso estaba sobre la mesa. No afirmaré nada, pero me parece habérselo visto coger de la mesita que está cerca de la ventana que estaba abierta. Alguien, desde fuera, pudo echar el cianuro en el vaso.

—¿Sin que nadie lo viese? –atajó incrédulo Blove.

—Estábamos pensando entonces en otras cosas –dijo Lombard.

—Es cierto –añadió el doctor–. Discutimos a más no poder, cada uno absorbido en sus ideas. Evidentemente es verosímil.

—Ha debido ocurrir de esta forma –añadió Blove–. Pongámonos a trabajar en seguida. Sin duda, será inútil preguntarles si tienen ustedes algún revólver. Esto sería estupendo.

—Yo tengo uno –anunció Lombard, tentándose el bolsillo.

Blove abrió mucho los ojos.

—¿Y lo lleva siempre consigo? –le preguntó en un tono natural.

—Siempre, por costumbre, pues he vivido en un país donde la vida de un hombre está amenazada constantemente.

—Quiero creer que jamás ha estado usted en un sitio tan peligroso como esta isla, pues el loco que se oculta aquí, seguramente dispondrá de un arsenal, sin hablar de un puñal o una daga.

Armstrong se sobresaltó.

—Puede ser que usted se equivoque, Blove. Ciertos maniáticos homicidas son gentes tranquilas, aparentemente inofensivos... hasta deliciosos... a veces.

—Por mi parte, doctor –observó Blove–, no alimento ninguna ilusión respecto a este particular.

Los tres hombres comenzaron su exploración de la isla.

Fue de lo más sencillo. La costa del noroeste estaba cortada a pico y en el resto de la isla no había árboles ni prácticamente maleza. Los tres recorrieron la isla desde la cima a la playa, registrando ordenada y escrupulosamente las más pequeñas fisuras en las peñas que hubieran podido ser la entrada de alguna caverna, pero su búsqueda resultó infructuosa.

Cuando bordeaban el mar, llegaron al sitio donde estaba sentado el general MacArthur contemplando el océano.

En este lugar apacible, donde las olas venían dulcemente a estrellarse, el viejo general, erguido el busto, fijaba su mirada en el horizonte.

La llegada de los tres hombres no le llamó la atención. Esta indiferencia les causó cierta desazón.

«Esta quietud no es natural. Diríase que el hombre está inquieto», pensó Blove.

—Mi general, ha encontrado usted un rincón precioso para descansar –dijo.

El general frunció la frente y se volvió lentamente hacia él.

—Me queda tan poco tiempo... tan poco tiempo. Insisto en que no me molesten...

—¡Oh! No queremos molestarlo, mi general. Dábamos una vuelta por la isla para ver si alguien se escondía en ella.

El general frunció el entrecejo.

—Ustedes no me comprenden... –argumentó de nuevo, abatido–. Basta ya... les ruego, por favor, que se retiren.

—Este hombre se está volviendo loco –confió Blove a los otros–. Es inútil hablarle.

—¿Qué es lo que dijo? –preguntó Lombard con curiosidad.

—Murmuró que no le quedaba mucho tiempo y que necesitaba que lo dejasen tranquilo.

El doctor, alarmado, murmuró:

—A saber si ahora...

Cuando sus pesquisas terminaron, los tres hombres subieron a la cima de la isla para otear el horizonte. Ninguna embarcación a la vista. Hacía bastante fresco.

—Las barcas pesqueras no han salido hoy –dijo Lombard–. Se avecina una tempestad. Lástima que desde aquí no se divise el pueblo; podríamos al menos hacerles señales.

—¿Y si encendiéramos un gran fuego? –sugirió Blove.

—La desgracia es que todo ha debido de ser previsto – respondió Lombard.

—¿Por qué lo dice?

—¿Qué se yo? Pienso en una siniestra broma. Debemos de estar abandonados en esta isla. Nadie prestará atención a nuestras señales. Probablemente, se ha informado a la gente del pueblo que se trata de una apuesta. ¡Qué historia!

—¿Usted cree que los lugareños se tragarían este cuento? – cuestionó Blove con escepticismo.

—La verdad resulta aún más inverosímil. Si les hubiesen dicho que la isla debía quedar incomunicada hasta que su desconocido propietario, el tal Owen, hubiera ejecutado tranquilamente a todos sus invitados, ¿cree usted que lo hubiesen creído?

El doctor expuso sus dudas.

—Yo mismo me pregunto si no estoy soñando. Por tanto...

Philip Lombard descubrió con una sonrisa sus blancos dientes.

—Y, por tanto... ¡todo demuestra lo contrario, doctor!

Blove miraba al mar que rugía a sus pies.

—Nadie ha podido subir por aquí.

Armstrong bajó la cabeza.

—Evidentemente, es muy escarpado. Pero, ¿dónde se oculta ese individuo?

—Puede haber una abertura disimulada entre los acantilados – apuntó Blove–. Con una barca podríamos costear la isla y descubrirla.

—Si tuviéramos una barca estaríamos camino de la costa – replicó Lombard.

—Cierto.

—En cuanto a esta parte del acantilado –dijo Lombard–, no existe más que un lugar, hacia la derecha, allá abajo, donde podríamos indagar. Si encontramos una cuerda bastante sólida me comprometo a bajar y nos aseguraremos.

—La idea no es mala –observó Blove–, aunque reflexionándolo bien, me parece un tanto peligrosa. Pero voy a ver si encuentro alguna cuerda.

Con paso ligero se fue hacia la casa.

Lombard levantó los ojos hacia el cielo: las nubes comenzaban a juntarse y la fuerza del viento crecía por momentos.

—Parece taciturno, doctor. ¿En qué piensa?

—Me pregunto hacia qué grado de locura se encamina el viejo general MacArthur.

Toda la mañana Vera se sentía muy nerviosa; rehusó la compañía de miss Brent con manifiesta repugnancia.

La solterona llevó una silla a un rincón de la casa, resguardado del aire, y se sentó a hacer labor a mano.

Cada vez que Vera pensaba en ella, parecía estar viendo una cara ahogada con los cabellos mezclados con algas marinas... una figura que sería bonita... muy bonita quizás... y que ahora no inspiraba piedad ni temor. Sin embargo, Emily Brent aplacada y confiada en su virtud, seguía haciendo su labor.

En la terraza, el juez Wargrave estaba como apelotonado en una butaca de mimbre, con la cabeza hundida entre los hombros.

Mirándolo, Vera se imaginaba ver a un hombre joven, asustado, de cabellos rubios y ojos azules, sentado en el banquillo de los acusados: Edward Seton. Con sus manos arrugadas, el juez se cubría con un birrete negro antes de pronunciar la sentencia de muerte.

Tras un momento de indecisión, descendió con paso lento hacia el mar. Llegó a la extremidad de la isla, donde un viejo, sentado, miraba el horizonte fijamente.

El general MacArthur, pues era él, se removió al acercarse Vera. Volvió la cabeza, y en sus ojos vio un destello de curiosidad y de aprensión. Extrañada, la joven se sobresaltó. Una idea había surgido en su mente.

«Es extraño. Diríase que él sabe...»

—¡Ah, es usted! –dijo el general.

Vera tomó asiento a su lado, en las rocas.

—¿Le gusta contemplar el mar también?

Muy suavemente él afirmó con la cabeza.

—Sí, es agradable, y este rincón es bueno para esperar.

—¿Esperar? –repitió la joven–. ¿Esperar, qué, general?

—El final de la vida. Pero usted lo sabe tan bien como yo, ¿no es cierto? Todos esperamos el final.

—¿Qué quiere usted decir? –le preguntó Vera extrañada.

—*¡Ninguno de nosotros saldrá de esta isla!* –respondió el general con voz grave–. Está en el programa. ¿Por qué hacernos los ignorantes? Puede ser que usted no lo comprenda, pero lo agradable es la tranquilidad.

—¿La tranquilidad? –repitió Vera sorprendida.

—Sí. Naturalmente, usted es demasiado joven y no ha llegado a esa edad en que se piensa en la tranquilidad que se va a tener cuando se deje el peso de la vida. Un día llegará usted a sentirlo.

Vera se retorcía nerviosamente los dedos, asustada por la presencia del viejo militar con ese aire de desengaño. La voz le temblaba al responderle.

—Todavía no alcanzo a comprenderlo.

—A Leslie la amaba... sí, con locura –dijo el general, pensativo.

—¿Leslie era su esposa? –le preguntó la joven.

—Sí. Y la adoraba. Me sentía muy orgulloso de ella. ¡Era tan bonita y alegre...!

Hubo un momento de silencio.

—Sí, quería mucho a Leslie –prosiguió contrito el general–. Fue por esto por lo que hice aquello.

—¿Qué dice?

El general MacArthur afirmó con la cabeza lentamente.

—¿Para qué negarlo ahora, ya que vamos a morir todos? Envié a Richmond a la muerte; esto fue un crimen. ¡Bravo! ¡Un crimen...! ¡Y decir que siempre respeté la ley...! Pero entonces no veía las cosas como hoy, y no tuve remordimientos. «Se lo ha buscado y lo tiene bien merecido», así pensaba yo entonces... Mas luego... –Inclinó la cabeza con aire perplejo y angustioso, y prosiguió–: No sé nada más... no sé nada... La vida se me apareció de otra forma distinta. No sé si Leslie supo la verdad... no lo creo. Jamás adiviné sus pensamientos. Más tarde murió y me dejó solo.

—Solo... solo... –replicó Vera.

Y el eco de su voz se lo devolvían las rocas.

—Usted también será feliz cuando llegue su hora –dijo el general.

Vera se levantó.

—No comprendo a qué hace usted alusión –inquirió la joven.

—La comprendo, pequeña, la comprendo.

—No, mi general; usted no me comprende... No del todo.

El general volvió su mirada hacia el mar, inconsciente de la presencia de la joven.

—Leslie...

Cuando Blove volvió de la casa, llevaba una cuerda bajo el brazo. Encontró a Armstrong en el mismo sitio en que lo había dejado, fija la mirada en las profundidades marinas.

—¿Dónde está Lombard? –le preguntó con curiosidad.

—Ha ido a comprobar una de las hipótesis. Estará aquí dentro de un minuto. Mire, Blove, estoy tranquilo.

—Todos lo estamos, me parece.

—Seguro... seguro... pero usted no me comprende. Me inquieto por el viejo general.

—¿Qué es lo que le pasa?

Armstrong hizo una mueca.

—¿No buscamos a un loco? ¿Qué piensa usted de él?

—¿Usted le cree capaz de cometer asesinatos? –preguntó Blove incrédulo.

—No diré tanto. No soy especialista en enfermedades mentales y no he mantenido una conversación con él. Tampoco he tenido ocasión de estudiarlo desde ese punto de vista.

—Chochea, sí, se lo concedo. Es más... estoy convencido. Pero de eso a sospechar que...

—Tiene razón –le interrumpió–. El asesino se oculta en la isla. ¡Por ahí viene Lombard!

Ataron la cuerda con solidez a la cintura de Lombard.

—Trataré de bajar por mis medios, pero si les necesito, sacudiré la cuerda bruscamente.

Durante algunos instantes los dos hombres siguieron con la vista el descenso de Lombard.

—¡Es ligero como un mono! –exclamó Blove con voz extraña.

—Ha debido practicar alpinismo –observó el médico.

—Eso diría.

—Es un bicho raro. Entre nosotros, ¿sabe usted lo que pienso de él?

—Lo escucho.

—No me inspira ninguna confianza.

—¿Por qué?

—No podría explicarlo claramente, pero le creo capaz de todo.

—Usted ya sabe la vida de aventuras que ha llevado.

—Sí. Pero apostaría a que muchas de sus aventuras no ganarían nada al ser sacadas a la luz.

Hubo una pausa. Tras ella, el ex inspector le preguntó a Armstrong:

—¿Por casualidad ha traído usted su revólver, doctor?

—¿Yo? Claro que no. ¿Por qué?

—¿Pues por qué Lombard sí lo lleva?

—Por costumbre, sin duda alguna.

Notaron una violenta sacudida en la cuerda y durante unos instantes tanto Blove como el médico emplearon todas sus fuerzas para mantenerla tirante. Cuando ésta quedó bien tirante, Blove refunfuñó, porque la respuesta no le había gustado.

—¡Hay costumbres y costumbres! Que Lombard, para ir a un país salvaje, lleve un revólver, su saco de provisiones, su infiernillo y polvos contra las pulgas no es extraño, pero esas costumbres no explicarían que se trasladara aquí con su equipo colonial. Eso solamente ocurre en las novelas de aventuras en que las gentes duermen con su revólver.

Perplejo, el doctor Armstrong agachó la cabeza.

Inclinado al borde del abismo seguía las evoluciones de su compañero que ascendía por el acantilado. Cuando Lombard alcanzó la cumbre y dio por terminada su exploración, su cara reflejaba la inutilidad del esfuerzo realizado.

—Pues estamos listos –dijo, secándose el sudor de la frente–. No nos queda más que examinar la casa.

Ya en ella, las exploraciones fueron hechas sin dificultad. Comenzaron por las dependencias anexas, luego dirigieron su atención al interior de la morada. El metro que mister Rogers guardaba en un cajón de la cocina les sirvió de mucho. Pero la casa no tenía ningún rincón oculto. Toda la estructura era de estilo moderno, líneas rectas, que no dejaban lugar alguno para escondrijos. Inspeccionaron primero el piso bajo, y cuando subían por la escalera para continuar en el piso de arriba, vieron por la ventana del rellano a Rogers llevando a la terraza una bandeja cargada de combinados.

—Ese sinvergüenza de Rogers es un fenómeno. Continúa haciendo su trabajo impasible, como si no hubiese pasado nada – señaló Lombard.

—Rogers es la perla de los mayordomos. ¡Rindámosle este homenaje! –dijo el doctor.

—Y su mujer era una excelente cocinera. La cena de anoche...

Entraron en el primer dormitorio. Cinco minutos después se encontraron en el rellano. Nadie se ocultaba. Imposible esconderse en ninguna habitación.

—¡Vean! –anunció Blove–. Aquí hay una escalera.

—En efecto, debe de ser la escalera que conduce a las dependencias del servicio –respondió Armstrong.

—En los desvanes habrá un sitio para el depósito del agua, y es lo único que nos queda por registrar –insinuó Blove.

En este momento preciso los tres hombres percibieron un ruido que parecía venir de arriba, como si alguien caminase cautelosamente.

Todos lo oyeron. Armstrong cogió del brazo a Blove, y Lombard impuso silencio.

—¡Chitón...! ¡Escuchen!

El ruido se repitió. Alguien se movía con sumo tiento y paso furtivo.

—Me parece que es en el cuarto donde reposa el cadáver de la señora Rogers –murmuró Armstrong en voz baja.

—Seguro –respondió Blove–. No se podía escoger mejor escondite. ¡Quién pensaría entrar allí! Subamos sin hacer ruido.

A paso de lobo subieron sin hacer ningún ruido y se deslizaron por el pequeño pasillo. Se detuvieron ante la puerta de los Rogers y escucharon. Sí, había alguien en la habitación; un débil ruido les llegó desde el interior.

—Vamos –susurró Blove.

Abrió la puerta de golpe y entró precipitadamente seguido de los otros dos.

Los tres se pararon a la vez.

¡Rogers se encontraba ante ellos con los brazos cargados de vestidos!

Blove fue el primero que recobró la serenidad.

—Perdone, Rogers –se disculpó–, pero hemos oído ruido en este cuarto y hemos creído que...

Rogers le interrumpió.

—Les ruego que me perdonen, señores. –Tenía la mirada fija en el doctor–. Estaba recogiendo mis cosas; he pensado que ustedes no tendrían ningún inconveniente en que duerma en una de las habitaciones que hay libres en el piso de abajo, en la más pequeña.

—Es natural... –respondió Armstrong–. Instálese a su comodidad, Rogers.

Rogers evitó mirar el cuerpo que estaba sobre la cama tapado con una sábana.

—Gracias, señor.

El criado salió de la estancia, llevándose sus ropas, y bajó al primer piso.

El doctor Armstrong se dirigió hacia la cama, levantó la sábana y examinó el semblante apacible de la muerta. El miedo había desaparecido para dar lugar a la tranquilidad de la nada.

—¡Qué lástima que no tenga mi instrumental aquí! Me hubiese gustado saber de qué veneno se trataba. Señores, terminemos pronto, pues tengo la impresión de que no encontraremos nada aquí.

Blove se agitaba como un diablo procurando abrir una especie de nicho en el desván.

—Este buen hombre se desliza como una sombra; hace sólo un par de minutos que estaba en la terraza y nadie de entre nosotros lo ha visto subir –hizo observar Blove.

—Es por lo que sin duda hemos creído que había alguien extraño en esta habitación –respondió Lombard.

Blove desapareció por una oscura puertezuela en el desván. Lombard sacó su linterna de bolsillo y le siguió.

Cinco minutos después los tres volvían llenos de polvo y telarañas. Una profunda decepción se leía en sus semblantes.

¡No había más que ocho personas en toda la isla!

Capítulo IX

L ombard se expresó lentamente.
—Bueno, estamos desorientados del todo. Hemos construido un escenario con todos los elementos de un angustioso drama de supersticiones y fantasías, y todo ello a causa de la coincidencia de dos defunciones.

—Por lo tanto –repuso Armstrong con voz grave–, orientemos nuestro razonamiento. Soy médico y pretendo conocer a los suicidas. Marston no era de los que se quitan la vida voluntariamente.

—¿No podría haber sido un accidente? –preguntó Lombard.

—¡Extraño accidente! –respondió Blove, y añadió–: En cuanto a la mujer...

—¿La señora Rogers?

—Sí, su muerte parece debida a una causa accidental.

—¡Accidental! ¿Cómo es posible? –Lombard se mostraba sorprendido.

Blove parecía no saber cómo responder al razonamiento del doctor; su cara, de ordinario sonrosada, se coloreó aún más.

—Veamos, doctor –murmuró–, usted le administró una droga.

—¿Una droga, dice?

—Ayer noche usted mismo dijo que le había dado algo para dormir –insistió Blove.

—¡Ah, sí! Fue un inofensivo soporífero.

—¿Qué era?

—Le hice tomar una dosis muy suave de veronal. Un fármaco nada peligroso.

—Dígame, ¿no es posible que le haya dado una dosis demasiado fuerte de ese medicamento? –insistió Blove.

—¿Qué insinúa usted? –protestó Armstrong furioso.

Blove no se amedrentó.

—¿No es posible que usted haya cometido un error? Esa clase de accidentes pueden pasarle a cualquiera.

—¡Yo no he cometido ningún error! ¡Su insinuación roza lo grotesco! –Armstrong se puso rojo de cólera–. ¡Acúseme si se atreve de haber suministrado ex profeso a esa desgraciada una dosis excesiva de veronal!

—Vamos, señores –intervino Lombard apaciguador–, un poco de calma. No comencemos por acusarnos unos a otros.

—Busco solamente saber si el doctor se ha equivocado – replicó Blove en tono mesurado.

—Un médico no puede permitirse el lujo de equivocarse, amigo mío –respondió Armstrong, descubriendo sus dientes en una sonrisa forzada.

—No sería la primera vez que haya usted cometido una equivocación, si damos crédito a lo que nos contó el disco del gramófono –insistió Blove, meditando sus palabras.

Armstrong palideció.

Lombard, furioso, se dirigió a Blove:

—¿Qué significa esta actitud agresiva? Estamos todos en la misma situación y debemos ayudarnos mutuamente... ¿También podríamos preguntarle algo a usted sobre este asunto del perjurio, no?

Blove, adelantándose con los puños crispados, replicó:

—Déjeme tranquilo con esa historia, no son más que mentiras. A mí me gustaría conocer ciertos detalles acerca de usted.

—¿De mí?

—Sí, quisiera que usted me dijese por qué lleva un revólver, cuando en realidad viene a título de invitado solamente.

—Es usted muy curioso, Blove.

—Estoy en mi derecho.

—Blove, usted no es tan tonto como parece.

—Puede ser; pero respóndame respecto a ese revólver.

Lombard sonrió.

—Lo he traído porque esperaba caer en una cueva de sinvergüenzas.

—No era eso lo que nos decía anoche; ayer nos engañó usted.

—En cierto sentido, sí.

—Pues díganos la verdad ahora.

—Bueno –explicó Lombard–, he dejado de creer que yo era un invitado más de la lista. De veras. La realidad es que un pequeño judío llamado Isaac Morris me ofreció cien guineas por venir aquí y tener abiertos los ojos para lo que pudiera pasar. Me dijo que yo estaba reputado como hombre de recursos en las situaciones difíciles.

—¿Y bien? –insistió Blove.

—¡Ah! Eso es todo –respondió Lombard en tono sarcástico.

—Seguramente le habrían dicho algo más que eso –añadió Armstrong.

—No, no pude sacarle nada más. Era cosa de tomarlo o dejarlo, según me dijo, y como que yo estaba sin un céntimo, acepté.

Con aire de incredulidad, Blove se decidió a preguntarle:

—¿Por qué no nos lo dijo usted anoche?

Lombard hizo un movimiento de hombros muy elocuente.

—¿Cómo podía saber yo, querido amigo, si el incidente del gramófono era precisamente por lo que me habían hecho venir aquí? Me hice el inocente y les conté una historia que no me comprometía para nada.

—Ahora –dijo el doctor, con sonrisa maliciosa–,

¿supongo que verá usted las cosas bajo otro aspecto completamente distinto?

La cara de Lombard se ensombreció.

—Sí, ahora creo que estoy como todos ustedes. Las cien guineas eran el anzuelo que me tendió mister Owen para atraerme a la ratonera.

Hizo una pausa y continuó:

—Pues todos estamos atrapados en la misma celda. ¡La muerte de la señora Rogers! ¡La de Tony! ¡La desaparición de los negritos en la mesa del comedor! Sí, en todo se ve la mano de mister Owen. Pero, ¿dónde demonios se esconde ese hombre?

Abajo, el sonido solemne del batintín llamó a los invitados para comer.

Rogers estaba en la puerta del comedor. Cuando los tres hombres bajaban la escalera, se dirigió hacia ellos.

—Espero que la comida sea de su agrado –les dijo–. Hay jamón y lengua fría, y he cocido algunas patatas; también hay, además, queso, galletas y fruta en conserva.

—Esa minuta me parece muy aceptable. ¿Tiene entonces muchos víveres de reserva? –preguntó Armstrong.

—Una gran cantidad, señor... sobre todo en conservas. La despensa está repleta; esta precaución es indispensable en una isla que puede quedar incomunicada de la costa por tiempo indefinido.

—Exacto –aprobó Lombard.

Seguidamente los tres entraron en el comedor.

—Es una lástima que Fred Narracott no haya venido esta mañana –se lamentó Lombard–. ¡Qué mala suerte!

—Sí, una verdadera mala suerte –convino Blove.

Miss Brent entró en el comedor. Se le había escapado el ovillo de lana y lo iba recogiendo cuidadosamente.

Cuando hubo terminado se sentó a la mesa.

—El tiempo cambia, se ha levantado el viento y las olas están embravecidas –declaró.

A su vez el juez Wargrave hizo su entrada con paso lento y mesurado. Bajo sus espesas cejas sus ojos lanzaban centelleantes miradas a los demás invitados.

—Nuestra mañana ha sido completa.

En la voz del magistrado se notaba la ironía.

Vera Claythorne hizo su aparición repentina, parecía sofocada.

—Supongo que no me esperaban –se apresuró a decir a manera de excusa–.¿Llego con retraso?

—No es usted la última, pues el general no ha bajado todavía –respondió miss Brent.

Rogers, dirigiéndose a ésta, preguntó:

—Miss Brent, ¿puedo servir en seguida o prefieren esperar?

—El general MacArthur está sentado en una roca contemplando el mar –respondió Vera–. Desde ese sitio dudo mucho de que haya oído el batintín. En todo caso, hoy está algo alterado.

—Voy a anunciarle que la comida está servida –se apresuró a decir Rogers.

El doctor se levantó precipitadamente.

—Voy yo. Ustedes pueden empezar.

Salió del comedor y detrás de él se oyó la voz de Rogers.

—Señorita, ¿quiere usted lengua o jamón?

Los cinco invitados, sentados alrededor de la mesa, no sabían qué decirse.

Fuera, las ráfagas de viento se sucedían.

Vera suspiró temblorosa.

—La tempestad se acerca.

Y Blove pretendía mantener la conversación.

—En el tren de Plymouth me encontré con un viejo que no cesaba de decirme que iba a estallar una fuerte tempestad. Es extraordinario cómo esos viejos lobos de mar predicen el tiempo.

Rogers estaba retirando unos platos de la mesa, cuando bruscamente, con la bandeja en las manos, se detuvo y dijo con voz angustiada:

—Oigo correr a alguien.

Efectivamente, todos oyeron un ruido precipitado de pasos en la terraza. En este mismo momento todos adivinaron instintivamente lo que pasaba y sus miradas convergieron hacia la puerta. El doctor Armstrong apareció, sin aliento.

—El general MacArthur... –balbuceó.

—¿Muerto?

La pregunta se escapó de los labios de Vera.

—Sí, ha muerto –confirmó.

Hubo un silencio... un largo silencio. Las siete personas reunidas en la habitación se miraban, incapaces de pronunciar una sola palabra.

La tempestad estalló cuando transportaban el cuerpo del viejo general al interior de la casa.

Los invitados se reunieron en el vestíbulo.

En aquel momento la lluvia caía a raudales y el viento soplaba con fuerza. Mientras Blove y Armstrong subían la escalera con el cuerpo del general, Vera penetró en el desierto comedor.

Estaba tal como lo habían dejado; los entremeses permanecían intactos sobre la mesa. Vera se dirigió hacia ella y en este momento Rogers entró despacio.

Se sobresaltó al ver a la joven y, mirándola fijamente, balbuceó:

—Miss... venía a ver...

—Tenía razón, Rogers. *No quedan más que siete.*

El cadáver yacía sobre la cama. Después de un breve examen, el doctor abandonó el dormitorio y bajó a reunirse con los demás. Los encontró reunidos en el salón.

Miss Brent se entretenía con su labor. Vera, de pie, cerca de la ventana, miraba cómo la lluvia caía a raudales. Blove estaba sentado y Lombard se paseaba nervioso por la habitación. El juez Wargrave, con los ojos cerrados, estaba en el fondo de la estancia instalado en un butacón.

A la entrada del doctor, pareció despertar.

—¿Y pues, doctor?

Muy pálido, Armstrong respondió:

—No se trata de una crisis cardíaca ni de nada por el estilo. MacArthur fue golpeado con un martillo o algo parecido en la cabeza.

Hubo un ligero murmullo, pero la voz del juez Wargrave lo extinguió.

—¿Ha encontrado el instrumento del crimen?

—No.

—Pero usted parece estar muy seguro de lo que dice.

—Segurísimo.

—Ahora sabemos exactamente dónde estamos –declaró, calmado, el juez.

No había lugar a dudas: el juez tomaba el mando de la situación. Durante la mañana permaneció inmóvil en el butacón de mimbre, evitando desplegar toda actividad. Pero ahora asumía la dirección del asunto con toda la autoridad que le confería la práctica de sus largos años como magistrado.

Esclareciéndose la voz, tomó la palabra:

—Esta mañana, sentado en la terraza, les observé a ustedes. Sus intenciones no me dejaron duda alguna. Han inspeccionado la isla en busca de un asesino desconocido.

—Es cierto –respondió Lombard.

—Por tanto, estarán ustedes de acuerdo conmigo referente a la muerte de Marston y de la señora Rogers: no fueron muertes accidentales y tampoco pueden considerarse como suicidios. ¿Se han formado ustedes alguna idea sobre las intenciones que tuvo mister Owen al traernos aquí?

—Es un loco, un desequilibrado –estalló Blove con rabia.

—Es evidente –prosiguió Wargrave–, pero eso no cambia en nada las consecuencias de sus actos; nuestros esfuerzos deben dirigirse hacia el mismo final. Salvar nuestras vidas.

—Le aseguro que no hay nadie en la isla –aseguró Armstrong–. ¡Nadie!

El juez se acarició la barbilla.

—Nadie, en el sentido que usted lo entiende –dijo–. Yo mismo, esta mañana, saqué idéntica conclusión y hubiera podido anticiparle lo inútil de su busca. Sin embargo –prosiguió–, estoy convencido de que mister Owen, por darle el nombre que él ha escogido, se encuentra en la isla; lo juraría por mi vida. Este hombre ha decidido castigar a ciertos individuos por faltas cometidas que escapan a la Ley. No dispone de otros medios para su plan que el de juntarse con sus invitados. *Creo que mister Owen es uno de nosotros.*

—¡Oh, no! ¡No!

Vera pronunció estas palabras con voz débil, como si gimiese.

El juez se volvió hacia ella con una mirada penetrante.

—Miss Claythorne, no tenemos más remedio

que rendirnos a la evidencia de los hechos. El tiempo apremia y todos corremos un grave peligro. Uno de nosotros es Owen y no sabemos quién. De las diez personas que desembarcaron en la isla, tres han desaparecido: Anthony Marston, la señora Rogers y el general MacArthur. Sólo quedamos siete y uno de nosotros es el falso negrito.

Hizo otra pausa y paseó la mirada a su alrededor.

—Creo que todos ustedes compartirán mi idea.

—Es fantástico... pero quizá tenga usted razón –convino Armstrong.

—Sin duda –dijo Blove–. Y si quieren escucharme puedo sugerir una buena idea.

Con gesto rápido el juez le atajó:

—Nos ocuparemos de esto más tarde, pues ahora sólo me interesa saber que todos estamos de acuerdo sobre este primer punto.

—Su razonamiento me parece lógico –dijo Emily Brent que continuaba con su labor–. Sí. Uno de nosotros está poseído del demonio.

—¡Me niego a creerlo! –protestó Vera.

—¿Y usted, Lombard? –preguntó Wargrave.

—Yo lo creo también.

Satisfecho, el juez hizo un signo con la cabeza y añadió:

—Ahora escuchemos sus declaraciones. Antes de empezar, ¿sospecha usted de alguien en particular? Mister Blove, creo que tenía usted algo que decirnos.

Blove respiraba con dificultad.

—Lombard tiene un revólver –dijo por fin–. Ayer noche no nos dijo la verdad y él mismo lo reconoce.

Lombard sonrió desdeñosamente.

—Creo prudente explicarme una vez más.

Lo hizo en términos breves y concisos. Pero Blove no dio su brazo a torcer.

—¿Qué prueba tiene usted para darnos? Nada corrobora su historia. –¿Qué pruebas puede aportar que confirmen su historia?

—Estamos todos involucrados en el mismo caso y no podemos confiar más que en nuestra palabra –añadió el juez. E inclinándose hacia delante, prosiguió–. Nadie de entre nosotros parece darse cuenta de esta situación extraordinaria. ¿Hay alguien entre nosotros a quien podamos eliminar por los testimonios que poseemos?

El doctor Armstrong se apresuró a decir:

—Soy un médico muy conocido, y la idea de que yo pudiese ser objeto de sospecha...

Con un gesto de la mano Wargrave frenó al orador.

—Yo también soy un personaje muy conocido, pero eso nada prueba. En todos los tiempos ha habido médicos y magistrados que perdieron la cabeza, y también... –añadió, dirigiéndose a Blove–, ¡policías que se volvieron locos!

—Sea lo que fuere –intervino Lombard–, creo que las señoras quedan libres de toda sospecha.

El juez enarcó las cejas.

—Debo deducir, según usted –manifestó, elevando su voz, tan conocida en los tribunales de justicia–, que las mujeres están exentas de locura homicida.

—Evidentemente no, pero parece imposible que...

Se calló, pues Wargrave se dirigía al médico.

—Doctor, según usted, ¿una mujer tiene la fuerza física suficiente para dar un golpe como el que ha matado al pobre MacArthur?

—Perfectamente –respondió Armstrong con calma–, si emplease el instrumento adecuado, un mazo o un martillo.

—¿Y eso no exigiría un esfuerzo extraordinario por su parte?

—Ninguno.

El juez Wargrave torció su cuello de tortuga.

—Dos muertes resultaron por la absorción de un veneno – declaró–, y en esto no hay discusión posible. Este último asesinato pudo ser realizado por una persona sin necesidad de emplear el más mínimo esfuerzo físico.

Vera se encolerizó.

—¡Pero usted está loco! –exclamó.

Lentamente, el juez volvió los ojos hacia ella, y la envolvió con su mirada fría e impasible, de hombre acostumbrado a juzgar a los humanos.

«Este juez me observa como un objeto de experimentación. Decididamente –y la idea le vino de repente, con gran sorpresa suya–, no le soy simpática.»

Muy dueño de sus palabras, el magistrado le aconsejó:

—Querida jovencita, le ruego que trate de dominar sus sentimientos. Yo no acuso. –Se inclinó hacia miss Brent y le dijo–: Espero, miss Brent, que usted no se habrá ofendido por mi insistencia al considerarnos a todos igualmente sospechosos.

Miss Brent no levantó la cabeza de su labor.

—La idea de que pudiese ser acusada de la muerte de uno de mis semejantes –respondió con tono glacial–, y con mayor motivo sin son tres, parecerá grotesca a los que conozcan mi carácter. Pero comprendo la situación: siéndonos extraños los unos a los otros, nadie puede dejar de ser sospechoso, ya que ninguno puede presentar pruebas de su inocencia. Como acabo de decirles, entre nosotros hay un monstruo.

—Así, todos estamos de acuerdo –dijo el juez–. Llevaremos las pesquisas sin exceptuar a nadie, y no tendremos en cuenta ni el carácter moral ni la clase social de cada uno de nosotros.

—¿Y en cuanto a Rogers? –preguntó Lombard.

—¿Qué? –exclamó el juez sin dejar de mirarle.

—Según mi opinión, Rogers debiera ser tachado de la lista – replicó Lombard.

—¿Y por qué? Explíquese.

—Lo primero es que no tiene suficiente inteligencia para realizar tales hechos y, por otra parte, su mujer fue una de las víctimas.

Una vez más centellearon los ojos del juez.

—En mis tiempos he visto muchos hombres ante el tribunal bajo la acusación de haber asesinado a su mujer y, con las pruebas aportadas, fueron considerados culpables.

—No pretendo contradecirle, señor –dijo Blove–. Que un hombre asesine a su mujer entra en un cálculo de posibilidades aceptable; es hasta casi natural, añadiría yo. Pero no en el caso de Rogers, que admitiría incluso haber matado a su esposa por temor a que ella lo denunciase o por haberle cobrado aversión, y hasta quizá por querer contraer segundas nupcias con alguna jovencita. Pero no veo en él al enigmático mister Owen que se toma la justicia por su mano y comienza por suprimir a su esposa a causa de un crimen que habían cometido ambos cómplices.

—Usted se basa sobre lo que hemos oído para formarse de él una opinión –expresó el juez–, pero ignoramos si Rogers y su mujer planearon en realidad la muerte de su señora. Puede ser que la acusación fuera falsa con objeto de colocar a Rogers en la misma situación que todos nosotros. El terror que ayer noche demostró la mujer de Rogers podía ser causado al darse cuenta del desarreglo mental de su marido.

—Piense usted como quiera –añadió Lombard–. Owen es uno de nosotros y no hagamos excepción alguna; nos atenemos a su parecer.

—Repito que no haré ninguna excepción; no se ha de tener en cuenta la moralidad ni el nivel social de nadie. Por ahora lo que importa es examinar el caso de cada uno según los hechos. En otros términos: ¿hay entre nosotros una o varias personas que no hubiesen podido materialmente administrar el cianuro a Marston o una fuerte dosis de soporífero a la señora Rogers y golpear sañudamente al general?

—¡Esto está bien hablado, sí señor! –exclamó Blove–. Vayamos pues al fondo del asunto. En cuanto a la muerte del joven Marston es muy difícil descubrir al culpable; hemos supuesto que alguien, desde la terraza, a través de la ventana abierta, echó veneno en el vaso. Pero también es cierto que uno de los que estábamos en el salón hubiera podido hacerlo. No recuerdo exactamente si Rogers estaba en la habitación en esos momentos, pero los demás sí estábamos presentes.

Todo el mundo permanecía expectante y en silencio.

—Ocupémonos ahora de la muerte de la mujer de Rogers – prosiguió–. En este caso los dos principales sospechosos son el marido y el médico, tanto el uno como el otro reúnen todas las probabilidades.

Armstrong se levantó tembloroso.

—¡Protesto por esa insinuación! Juro haber administrado tan sólo la dosis necesaria para que descansara...

—¡Doctor!

La voz del juez, invitando al médico a que no continuase, sirvió para interrumpirle sólo un momento.

—Su indignación me parece natural, señor, pero admito, sin embargo, que nosotros debemos tomar en consideración todos los aspectos que los hechos presentan. Usted o Rogers son los que tuvieron más facilidad de hacerlo. Ahora consideremos la posición de los otros invitados. ¿Qué posibilidades teníamos Blove, miss Brent, miss Claythorne, Lombard o yo de echar el veneno en el vaso? ¿Puede alguno ser inocente? No lo creo.

Vera exclamó furiosa:

—Yo no me encontraba cerca de la mujer, ustedes fueron testigos.

El juez Wargrave reflexionó un instante.

—Por lo que recuerdo, he aquí cómo ocurrió. Si me equivoco, les ruego que me rectifiquen. Marston y usted, Lombard, dejaron el cuerpo de la mujer sobre el sofá y el doctor vino a examinarla. Mandó a Rogers en busca del coñac, y entonces nos inquietamos por saber de dónde provenía la voz acusadora y nos dirigimos todos a la habitación contigua, a excepción de miss Brent, que permaneció sola con la mujer desvanecida.

Los colores aparecieron en la cara de miss Brent, la cual dejó su labor.

—¡Eso es monstruoso! –protestó.

El juez continuó implacable.

—Cuando volvimos a esta habitación, usted, miss Brent, estaba inclinada sobre la mujer.

—¿La piedad es, pues, un crimen a sus ojos? –objetó la aludida.

—Sólo me ajusto a los hechos. En ese momento Rogers regresaba con el coñac que podía haber envenenado antes. El vasito con el licor se lo dieron a beber a la enferma y, poco después, entre el doctor y Rogers ayudaron a acostarla, dándole Armstrong un sedante.

—Eso es lo que pasó –confirmó Blove–. Tanto el juez, como Lombard, miss Vera y yo mismo estamos a salvo de toda sospecha.

Estas palabras las había dicho con fuerza y aire triunfal, pero el juez le miró fijamente.

—¡Ah! ¿Usted lo cree así? –murmuró–. Pues no olvide que debemos tener en cuenta cualquier eventualidad.

—No le comprendo –respondió Blove sorprendido.

Wargrave se explicó de esta forma:

—Arriba, en su habitación, la señora Rogers estaba en su cama. El sedante administrado por el doctor comienza a producir su efecto; está adormecida y sin voluntad alguna. Supongamos que en este instante alguien entra llevando, digamos, un comprimido o una poción, y le dice: «El doctor quiere que se tome usted este medicamento.» ¿Dudan ustedes de que ella no se lo hubiese tomado sin rechistar?

Hubo un silencio. Blove movía los pies y en su frente aparecían gotas de sudor.

Lombard tomó la palabra:

—No puedo aceptar esa versión. Nadie se fue del

salón sino unas horas después de que mistress Rogers fuera trasladada a su dormitorio. En seguida acaeció la muerte fulminante de Marston.

—Alguien pudo salir –le interrumpió el juez– de su habitación más tarde...

—¡Pero si entonces estaba Rogers en la habitación con su mujer! –observó Lombard.

—No –dijo el doctor–. Rogers bajó para quitar la mesa y arreglar el comedor. Cualquiera pudo entonces introducirse en la habitación de Rogers sin que nadie le viera.

—Veamos –observó Emily Brent–; esa mujer estaba adormecida por efecto de la droga que usted le dio.

—Sí, con toda probabilidad, pero no lo afirmaría, pues si no se le ha prescrito antes a un paciente, jamás se sabe la reacción que produce un medicamento. Dependerá del metabolismo del paciente el que un somnífero surta su efecto en más o menos tiempo.

—Usted nos cuenta lo que quiere, doctor –insinuó Lombard.

De nuevo la cara de Armstrong enrojeció de cólera. Una vez más la voz fría del magistrado detuvo las protestas del médico.

—Las recriminaciones no nos llevan a ningún resultado, sólo interesan los hechos. Cada uno reconoce voluntariamente que alguno de entre nosotros pudo subir a la habitación. Cierto que esta hipótesis tiene un valor relativo, lo reconozco. La aparición de miss Brent o miss Claythorne cerca de la enferma no habría ocasionado sorpresas, mientras que si Blove, Lombard o yo nos hubiésemos presentado, nuestra visita parecería insólita, pero no habría provocado ninguna sospecha en la mujer.

—¿A dónde nos conduce todo esto? –preguntó Blove.

El juez Wargrave se acarició los labios y, con gesto frío e impasible, declaró:

—Vamos a examinar el tercer crimen y establecer el hecho de que nadie de entre nosotros puede estar enteramente exento de sospecha.

Hizo una pausa, carraspeó y siguió diciendo:

—Llegamos ahora a la muerte del general, ocurrida esta mañana. Ruego a los que de entre nosotros sean capaces de suministrarse una coartada la expongan brevemente. Yo mismo no puedo dar ninguna plausible, pues toda la mañana he estado sentado en la terraza, meditando y pasando revista a todos los extraños acontecimientos que han ocurrido en la isla desde ayer noche.

»Permanecí allí hasta que sonó el batintín para comer, pero me imagino que hubo muchos momentos en que nadie me hubiese visto bajar hasta el mar, asesinar al general y volver a ocupar mi sitio en la butaca.

»Les aseguro que no me he ausentado de la terraza, pero ustedes no tienen más que mi palabra; por lo tanto, eso no es suficiente y son necesarias más pruebas.

—Me encontraba con el doctor y Lombard; los dos pueden testimoniarlo –dijo Blove.

—Usted ha vuelto a la casa para buscar una cuerda –precisó Armstrong.

—Perfectamente. No he hecho nada más que ir y volver; usted lo sabe de sobra.

—Estábamos demasiado lejos de la casa...

Blove enrojeció.

—¿Qué demonios insinúa usted, doctor?

—Sólo digo que ha tardado bastante en volver.

—¡Claro! He tenido que buscarla, pues no se le echan las manos encima a un rollo de cuerda cuando no se sabe dónde está.

Wargrave intervino.

—Durante la ausencia del inspector, ¿ustedes estuvieron juntos, señores Armstrong y Lombard?

—Buscaba el mejor sitio para poder enviar señales heliográficas a la costa –respondió sonriendo Lombard–. Me ausenté un minuto o dos.

—Es exacto –declaró el doctor, afirmando con un movimiento de cabeza–. No ha tenido tiempo suficiente para realizar un asesinato, puedo jurarlo.

—¿Alguno de ustedes consultó el reloj? –preguntó el juez.

—No, claro que no.

—Además, yo no lo llevaba.

—Un minuto o dos, eso es muy impreciso –murmuró Wargrave.

Volvió la cabeza hacia miss Brent, que continuaba con el cuerpo erguido y su labor en la falda.

—Miss Brent, ¿qué hizo usted esta mañana?

—En compañía de miss Claythorne he subido a la cima de la isla y después me he sentado en la terraza a tomar el sol.

—No recuerdo haberla visto –recalcó Wargrave.

—No es extraño, pues me encontraba al amparo del viento, en el rincón del este, junto a la casa.

—¿Y ha estado usted allí hasta la hora de la comida?

—Sí, señor.

—Ahora –continuó el viejo magistrado–, hable usted, miss Claythorne.

—Esta mañana he paseado, en efecto, con miss Brent. Después he estado dando una vuelta por la isla y me he sentado al lado del general para charlar un rato.

—¿Qué hora sería en aquel momento? –la interrumpió el juez.

Por primera vez la respuesta de Vera fue evasiva.

—No lo sé con certeza. Seguramente una hora antes de la comida, quizá más.

—¿Era antes o después de que nosotros le habláramos? – preguntó Blove.

—Lo ignoro, De todas maneras lo encontré muy raro.

—¿En qué sentido lo juzga raro? –insistió Wargrave.

Vera respondió en voz baja y temblorosa:

—Me dijo que íbamos a morir todos... y que él esperaba su fin. Me asustó...

El juez lo admitió con un movimiento de cabeza.

—Y después, ¿qué hizo? –le preguntó.

—Volví a la casa y, antes del almuerzo, salí de nuevo y estuve detrás de la finca. Todo el día me he sentido muy nerviosa.

—No queda más que Rogers por preguntar, aunque dudo que la declaración pueda añadir algo más a lo que ya conocemos.

Rogers, convocado ante este tribunal improvisado, no tenía gran cosa que decir. Toda la mañana había trabajado en el arreglo de la casa y en preparar la comida. Antes de servir ésta, llevó los combinados a la terraza y después subió a su habitación para recoger sus efectos personales y trasladarlos a otra habitación. En toda la mañana no había mirado por las ventanas y, por tanto, no sabía nada que pudiese esclarecer el misterio de la muerte del general. En todo caso él juraba que, al poner los cubiertos, había visto los ocho negritos de porcelana sobre la mesa del comedor.

Cuando el criado terminó de declarar, se produjo un silencio.

Luego el juez Wargrave carraspeó y Lombard murmuró al oído de Vera:

—Ahora verá cómo el juez va a resumir nuestras declaraciones.

—Hemos hecho con toda nuestra competencia el análisis de las circunstancias que envuelven las tres muertes que nos ocupan. Hay muchas probabilidades contra ciertas personas, pero no podemos, sin embargo, declarar a los demás, de forma fehaciente, inocentes de toda complicidad. Reitero mi afirmación de que existe un asesino peligrosa y probablemente loco entre las siete personas aquí reunidas. Nada nos permite adivinar quién es. Por ahora, lo único que podemos hacer es tomar las medidas necesarias para ponernos en comunicación con la costa y pedir auxilio. Si el socorro tardase, lo cual es de suponer, dado el estado del mar, debemos tomar toda clase de medidas para asegurar nuestras vidas. Yo les estaré muy agradecido si me exponen las ideas que les sugieren estas cuestiones. Entretanto, recomiendo a cada uno que permanezca alerta, pues hasta aquí la tarea del asesino ha sido muy fácil, dado que sus víctimas estaban confiadas. De ahora en adelante el deber nos ordena sospechar los unos de los otros. Un hombre advertido vale por dos. Les prevengo para que no se expongan a ningún riesgo y guárdense de los peligros. Es todo lo que tengo que decirles por el momento.

Lombard murmuró irónico:

—Se levanta la sesión.

Capítulo X

Cree que esto es verdad? –preguntó Vera.

Estaba sentada en una banqueta cerca de la ventana del salón, en compañía de Philip Lombard.

Fuera, la lluvia caía a torrentes y el viento azotaba con sus ráfagas los cristales.

Lombard inclinó la cabeza antes de contestar.

—¿Me pide mi opinión acerca de si Wargrave no se equivoca cuando afirma que el tal mister Owen es uno de nosotros?

—Sí, eso es.

—Es muy difícil responderle. En pura lógica, tiene razón, pero, sin embargo...

Vera le quitó las palabras de la boca.

—Pero, sin embargo, todo esto me parece totalmente increíble.

Philip Lombard hizo una mueca.

—¡Toda esta historia es inverosímil! Sin embargo, después de la muerte del general, un punto muy importante ha sido aclarado: que no se trata de accidentes ni suicidios; pero sí de crímenes. Tres asesinatos hasta ahora.

Vera se estremeció.

—Se llega a pensar que se está viviendo una pesadilla. Continúo creyendo que tales cosas es imposible que sucedan.

—La comprendo miss Claythorne. Nosotros soñamos. Dentro de un momento llamarán a la puerta y una sirvienta entrará para servirnos el té.

—¡Ah! ¡Si fuese cierto lo que usted dice...! –exclamó Vera.

—¡Todos nosotros estamos mezclados en esta horrible pesadilla! –replicó Lombard gravemente–. Y mientras tanto, es necesario que cada uno se guarde a sí mismo.

—Si es uno de ellos... ¿quién cree usted que es, entonces? – preguntó Vera, bajando la voz.

—Por lo que veo, usted hace una excepción en lo que se refiere a nosotros dos. Yo apruebo su punto de vista, pues sé perfectamente que no soy el asesino, y en cuanto a usted, la creo una persona sana de espíritu. Es usted la joven más inteligente y sensata que he conocido; le doy mi palabra.

—Es usted muy galante, señor Lombard, gracias –le respondió ella con una sonrisa entre maliciosa y coqueta.

—Veamos, miss Claythorne, ¿no me devolverá el cumplido?

Después de un breve silencio, Vera respondió:

—Usted mismo ha confesado que no da importancia a la vida humana y, en cambio, no me lo imagino grabando aquel disco tan horrible.

—Tiene mucha razón. Si hubiera pensado cometer uno o varios crímenes hubiese sido solamente para sacarles provecho. Estos castigos en serie no creo que valgan la pena. Entonces, de acuerdo; nosotros mismos nos eliminamos de la lista de sospechosos y concentraremos nuestra atención sobre los cinco siniestros compañeros de prisión. ¿Cuál de ellos es U.N.Owen? Aunque no tengamos prueba alguna, apostaría por Wargrave –indicó Lombard.

—¡Oh! –exclamó Vera sorprendida–. ¿Por qué?

—No sabría explicarlo exactamente. En primer lugar es un hombre mayor que ha presidido los tribunales de justicia durante muchos años, y le ha podido trastornar esa autoridad intangible que tenía. Puede ser que Wargrave se crea «El Todopoderoso Señor de la Vida y de la Muerte de los hombres». Su cerebro se ha dañado y nuestro viejo magistrado se considera como el Juez Supremo y verdugo.

—Es posible –aprobó Vera.

—¿Por quién apuesta usted, miss Claythorne?

Sin vacilar, Vera respondió:

—Por el doctor Armstrong.

—¿Por el doctor? Es el último en quien yo habría pensado

—Las muertes –continuó Vera– son debidas a venenos, y esto revela la mano de un médico.

—En efecto, es verdad –admitió Lombard.

Vera persistió en su acusación.

—Cuando un médico se vuelve loco, es muy difícil darse cuenta. Muchos de ellos se agotan por exceso de trabajo y tienen el cerebro fatigado.

—De acuerdo –dijo Philip–, pero no creo que Armstrong hubiera podido matar al general. No pudo hacerlo durante el corto instante que le dejé solo, a menos que corriese como una liebre y volviera corriendo también... Pero su falta de entrenamiento físico no le permite de ninguna forma realizar tal proeza.

Vera no se dejó ganar la partida.

—No fue en este momento cuando mató al general, sino más tarde, cuando fue a buscarlo antes de comer.

Philip lanzó un silbido muy significativo.

—¿Usted cree que lo hizo entonces? ¡Sí que tendría sangre fría!

—¿Qué riesgo corría? Ninguno, pues es el único que posee conocimientos suficientes para decirnos que la muerte se remontaba a una hora o más. ¿Y quién le podía contradecir?

Philip miró a la joven con gesto pensativo.

—Mis felicitaciones. Su solución es ingeniosa. Pero me pregunto...

—¿Quién es el asesino, mister Blove? Me gustaría saberlo.

Rogers tenía la frente arrugada y sus manos se crisparon sobre la gamuza con que estaba limpiando el polvo.

—Esta pregunta me la hago yo también –le respondió Blove.

—Uno de nosotros, según el juez. Pero, ¿quién? Eso es lo que desearía saber. ¿Quién es ese demonio con forma humana?

—Todos quisiéramos aclarar este misterio.

—Pero, ¿usted tiene una idea sobre el particular, mister Blove? –le insinuó Rogers.

—¡Es posible! Tengo sospechas, pero de eso a una certidumbre hay mucho trecho, y podría equivocarme. Pero la persona de quien sospecho tiene mucha sangre fría.

Rogers, secándose el sudor de la frente, dijo con voz ronca por la emoción:

—Me parece una pesadilla.

—Y usted, Rogers, ¿tiene alguna idea?

El criado inclinó la cabeza.

—No sé nada y eso es lo que me da miedo. ¿De quién podría sospechar?

—¡Tenemos que salir de aquí a toda costa! –gritaba el doctor Armstrong desesperado.

El juez Wargrave miraba la lluvia a través del ventanal, mientras jugueteaba con el cordón de sus lentes.

—No pretendo adivinar el tiempo que hará, pero me parece que antes de veinticuatro horas nadie podrá llegar hasta aquí, aunque sepan la situación trágica en que nos encontramos. Y aun así, siempre que el viento amaine.

El doctor se llevó las manos a la cabeza gruñendo:

—Y mientras, podemos ser asesinados en nuestras camas.

—No soy tan pesimista como usted. Tomaré toda clase de precauciones para que no me ocurra esa desgracia –replicó Wargrave. Y pensó: «¡Asesinados en la cama! Esos medicuchos se parecen todos; no tienen ideas originales.»

Armstrong creía que el anciano magistrado se agarraba más a la vida que muchos jóvenes. Ese fenómeno lo había observado muchas veces a lo largo de su carrera. El mismo tenía, por lo menos, una veintena de años menos que el juez y, sin embargo, su instinto de conservación le parecía menos arraigado.

—Pero, ¿qué podemos hacer si tarde o temprano...?

—Cierto, pero tenga en cuenta que esas víctimas estaban desprevenidas, mientras que nosotros estamos sobre aviso. Yo ya he tomado mis medidas.

—Pero si no sabemos de quién desconfiar...

El viejo magistrado se acarició la barbilla y murmuró:

—No diría yo otro tanto...

Armstrong le miró a la cara de hito en hito.

—Entonces... ¿Usted lo sabe?

—En cuanto a las pruebas indispensables ante un tribunal, le declaro no tener ninguna –dijo con prudencia Wargrave–. Sin embargo, si paso revista a todos los hechos, distingo claramente quien es el culpable.

—¡No le comprendo! –dijo el asombrado doctor con los ojos fijos en el anciano juez.

Miss Emily Brent se retiró a su dormitorio, cogió la Biblia y se sentó cerca de la ventana. La solterona abrió el libro sagrado y, después de unos segundos de duda, lo dejó, se fue hacia la mesilla de noche y sacó de un cajón un pequeño cuaderno de memorias, con cubiertas negras.

Lo abrió y se puso a escribir.

Una horrorosa desgracia acaba de pasar. El general MacArthur ha muerto (Su primo era marido de Elsie MacPherson.) Sin duda alguna ha sido asesinado. Después de comer, el juez Wargrave nos ha hecho un interesante discurso, pues está convencido de que uno de nosotros es el culpable. En otros términos, uno de nosotros está poseído por el demonio. Estoy segura... ¿Quién podrá ser? Esta es la pregunta que cada uno se hace. Pero yo sé que...

Se quedó un instante inmóvil; sus ojos grises se cerraron; el lápiz temblaba entre sus dedos. Escribió en mayúsculas:

LA ASESINADA SE·LLAMA BEATRIZ TAYLOR

Cerró los ojos. De repente los abrió sobresaltada

y miró el cuaderno donde había estado escribiendo. Lanzó una exclamación de cólera, leyó las letras tan irregularmente escritas de la última frase y murmuró con voz muy baja:

—No es posible. ¿He sido yo quién ha escrito esto? Me estoy volviendo loca.

La tempestad estaba en todo su furor; el viento rugía alrededor de la casa.

Hallábanse todos reunidos en el salón y se observaban entre sí. Cuando Rogers entró con la bandeja para servir el té todos se sobresaltaron.

—¿Quieren que corra las cortinas? Estará esto menos triste.

Ante la respuesta afirmativa, el criado corrió las cortinas y encendió la luz. La habitación se iluminó y se disiparon las sombras.

Al día siguiente la tempestad se apaciguaría y vendría una embarcación... Una embarcación surgiría...

Miss Claythorne preguntó:

—¿Quiere usted servir el té, miss Brent?

—No. Se lo ruego, sírvalo usted misma. La tetera es tan pesada... por otra parte, he perdido dos ovillos de lana gris y eso me disgusta.

Vera se aproximó a la mesa y se oyó el alegre tintineo de la porcelana. Todo parecía volver a la normalidad.

—¡El té! ¡El té de la tarde! ¡Para los ingleses, qué deliciosa costumbre!

Philip Lombard arriesgó una broma; Blove le respondió en el mismo tono; Armstrong contó una divertida anécdota; y hasta el mismo juez, que de ordinario rechazaba este brebaje, lo paladeaba con visible placer.

En este ambiente de tranquilidad, Rogers entró con cara descompuesta y farfullando nerviosamente.

—Perdón, señores. ¿Alguno de ustedes sabría dónde está la cortina del cuarto de baño?

Lombard levantó bruscamente la cabeza.

—¿La cortina del cuarto de baño? ¡Qué diantre nos cuenta usted!

—Ha desaparecido, señor. No está en la ventana. He dado una vuelta por las habitaciones para echar las cortinas, pero la del cuarto de baño no estaba

—¿Estaba esta mañana? –preguntó Wargrave.

—¡Oh! Sí, señor.

—¿Qué clase de cortina era?

—Era de hule rojo, impermeable y hacía juego con los ladrillos.

—¿Y ha desaparecido? –preguntó Lombard.

—Sí, señor, ha desaparecido.

Se miraron unos a otros.

—¿Después de todo, qué importa? –dijo Blove lentamente–. Esta desaparición es insensata... como todo lo que está ocurriendo, pero no hay por qué alarmarse, pues no se puede asesinar a nadie con una cortina de hule. Pensemos en otra cosa.

—Bien, señor, gracias –dijo Rogers.

El criado salió de la habitación y cerró la puerta tras de sí.

De nuevo el miedo se instaló en el salón y una vez más los invitados se observaron con ansia disimulada.

Llegó la hora de la cena. Compuesta principalmente de conservas, transcurrió a toda prisa, y Rogers se apresuró a retirar los manteles.

En el salón reinaba una tensión insoportable. A las nueve, Emily Brent se levantó.

—Subo a acostarme –anunció.

—Yo también –dijo Vera.

Las dos mujeres subieron acompañadas de Lombard y Blove. En el pasillo los dos hombres vieron como Vera y miss Brent entraban en sus respectivos aposentos y oyeron el ruido de los cerrojos y de las llaves desde el interior.

—¡No es necesario recomendarles que cierren con llave! – exclamó Blove–. ¡Ya lo hacen!

—En todo caso, estarán a salvo por esta noche –añadió Lombard cuando bajaban.

Los cuatro hombres se retiraron a sus dormitorios.

Una hora más tarde, Rogers, desde el comedor, donde preparaba la mesa para el desayuno del siguiente día, los vio subir y oyó que se detenían en el primer rellano.

La voz del juez se dejó oír:

—Superfluo será aconsejarles que cierren bien sus puertas.

A Blove le pareció bien añadir:

—Y sobre todo, no olviden ustedes poner una silla atrancando la puerta, pues ya saben que se puede abrir desde fuera.

—Querido Blove, usted es muy listo para nosotros –dijo Lombard.

—Buenas noches. Deseo que nos encontremos mañana sanos y salvos –se despidió del juez con estas palabras.

Rogers salió del comedor y subió lentamente la escalera.

Luego vio cuatro sombras desaparecer tras cuatro puertas, percibió cuatro vueltas a la llave y el ruido de cuatro cerrojos al correrse...

«Ésa es una buena precaución», murmuró para sí.

Volvió a bajar, y echó un último vistazo al comedor por si estaba todo en orden para la mañana siguiente.

Su mirada se posó en el centro de la mesa y contó siete negritos de porcelana.

«¡Trataré de que nadie nos gaste una broma durante esta noche!»

Atravesó la habitación, cerró con llave la puerta que daba a la cocina y pasó al vestíbulo por la otra puerta que cerró igualmente con llave y se la guardó en el bolsillo.

Después apagó las luces y con paso lento llegó a

su nueva habitación. Allí encontró un sitio para guardar la llave en el armario, cerró la puerta también con llave y echó el cerrojo. Rogers se dispuso a acostarse.

«Esta noche nadie tocará los negritos; he tomado mis precauciones», se dijo.

CAPÍTULO XI

P hilip Lombard se despertó al amanecer, como era su costumbre y, apoyándose sobre un codo, escuchó. El viento, un tanto calmado, soplaba aún, pero el ruido de la lluvia había cesado.

A las ocho, el viento volvió a adquirir violencia, pero Lombard se había adormecido.

A las nueve de la mañana, sentado al borde de la cama, consultó su reloj, lo aplicó al oído y sus labios se abrieron descubriendo sus dientes en una sonrisa que evocaba una mueca de lobo.

«Hay que poner fin a todos estos crímenes.»

A las diez menos veinticinco llamó a la puerta de Blove, cerrada con llave.

El ex inspector de policía le abrió con mil precauciones. Estaba todavía medio dormido y con los ojos cargados de sueño y los cabellos desgreñados.

—Veo que duerme usted como un lirón –le dijo Lombard con voz amable–. Es indicio de una conciencia tranquila.

—¿Qué pasa, pues?

—¿No han venido a despertarlo trayéndole el té? ¿Sabe usted qué hora es?

Blove miró el despertador que había sobre la mesilla de noche.

—Las diez menos veinte; no creí haber dormido tanto. ¿Dónde está Rogers?

—Le responderé con la misma pregunta.

—¿Cómo dice?

—Simplemente, que Rogers falta a la lista. No está ni en su cuarto ni en la cocina, y ni siquiera ha encendido la lumbre.

Blove ahogó un juramento.

—¿Dónde demonios puede estar? –profirió en voz alta–. Seguramente estará dando vueltas por la isla. Espere a que me vista. Mientras, averigüe si los demás saben algo.

Philip Lombard se dirigió a las habitaciones cerradas con llave de los invitados. Encontró levantado y casi vestido al doctor.

Al juez Wargrave, igual que a Blove, lo tuvo que despertar.

Vera estaba disponiéndose a bajar y, en cuanto a miss Brent, no estaba en su habitación.

El reducido grupo inspeccionó la casa. El dormitorio de Rogers estaba vacío, la cama deshecha, la navaja, la brocha y el jabón estaban aún húmedos.

—Rogers se ha levantado como siempre –dijo Lombard.

Vera trató de ocultar su emoción.

—¿No creen que pueda estar oculto en algún rincón para espiarnos? –preguntó.

—Amiga mía –contestó Lombard–, nada nos puede ya sorprender; haremos bien en resguardarnos hasta que le encontremos.

—Opino que debe estar haciendo algo por la isla –replicó Armstrong.

Blove, ya vestido, pero no afeitado, se les unió.

—¿Dónde está miss Brent? ¿Otro misterio? –preguntó.

Cuando llegaron al vestíbulo entraba por otra puerta Emily Brent; llevaba puesto un impermeable.

—El mar sigue esta mañana con mucho oleaje –dijo–. Dudo que ninguna embarcación pueda llegar hoy a la isla.

—¿Se ha paseado usted sola esta mañana? –la interpeló Blove–. Es usted una imprudente incalificable.

—Tranquilícese, mister Blove; he andado con precauciones y con los ojos bien abiertos.

—¿Ha visto usted a Rogers en algún sitio?

—¿A Rogers? –Miss Brent enarcó las cejas–. No, no lo he visto esta mañana. ¿Por qué?

Wargrave, correctamente vestido y muy bien afeitado, bajaba lentamente las escaleras. Se dirigió hacia la puerta abierta del comedor y observó:

—¡Ah, la mesa está preparada para el desayuno!

—Rogers debió de prepararla anoche –repuso Lombard.

Entraron en el comedor y vieron los platos puestos, los cubiertos de plata en su sitio, la hilera de tazas y platitos sobre la mesa, y los salvamanteles de fieltro esperando la cafetera y la leche calientes.

Vera fue la primera que lo advirtió. Cogió al anciano juez por el brazo y la violencia de su gesto hizo que éste se sobresaltase.

—¡Los negritos! ¡Mírelos!

No había más que seis figuritas en el centro de la mesa.

Lo encontraron más tarde en la leñera, al otro lado de la casa. Había estado partiendo leña para hacer fuego y tenía aún en la mano una pequeña hacha, mientras que otra, más grande y maciza, estaba apoyada en la puerta, llena de sangre fresca, como punto de referencia de la profunda herida que tenía Rogers en su cráneo.

—Ha sido muy fácil –dijo el doctor–. El asesino se deslizó por detrás, levantó la pesada hacha y la dejó caer en la cabeza de Rogers en el momento en que éste se inclinaba.

—Para asestar tal golpe, el asesino debía de ser muy fuerte –le dijo Wargrave al doctor.

—Una mujer hubiese sido capaz. –Armstrong miró a su alrededor, y no viendo a Vera ni a miss Brent, que se habían dirigido a la cocina, continuó–: La joven aún más, pues es una atleta. En cuanto a miss Brent, parece muy débil, pero esta clase de mujeres poseen un vigor extraordinario. Recuerden, además, que una persona atacada de locura puede desarrollar una energía increíble.

El juez asintió con la cabeza.

—Ni la menor huella digital –declaró Blove que se levantó suspirando–. El asesino tuvo la precaución de limpiar el mango después de cometer su crimen.

Se oyó una risa histérica. Todos se volvieron. Vera estaba en medio del patio sacudida por un acceso de hilaridad.

—¿Crían abejas en esta isla? –gritaba–. Díganme dónde se encuentra la miel. ¡Ah! ¡Ah!

La miraban sin comprender nada. Dijérase que esta joven tan inteligente se volvía loca.

—¿Por qué me miran así? –siguió gritando–. ¿Me creen loca? Pues mi pregunta no tiene nada de extravagante. ¡Hay abejas, colmenas, abejas! ¿No lo comprenden ustedes? ¿No han leído la canción de cuna? ¡Está en sus dormitorios para que la aprendan! Si hubiéramos reflexionado un momento, hubiésemos ido en seguida a la leñera, donde Rogers cortaba leña, pues... *Siete negritos cortaron leña con una hacha...* ¿Y cuál es la estrofa siguiente? *Seis negritos jugaban con una colmena...* ¡He ahí por qué pregunto si crían abejas en esta isla! ¡Dios mío, qué raro...!

De nuevo estalló su risa de loca. El doctor se adelantó y le dio un cachete.

Hipando y jadeando tragó saliva. Al cabo de un instante se sinceró:

—Gracias, doctor... ahora me encuentro mejor.

Su voz volvía a ser calmada. Pronto recobró la actitud ponderada de una profesora de cultura física.

—Miss Brent y yo prepararemos el desayuno –dijo–. ¿Podrían traernos algunos trozos de leña para encender la lumbre? –Dio media vuelta y se dirigió hacia la cocina.

Los dedos del doctor habían dejado unas huellas sonrosadas en su mejilla.

Cuando Vera desapareció, Blove le dijo al doctor:

—¡Tiene usted la mano pesada!

—Era necesario, ya tenemos bastantes problemas para venirnos con crisis nerviosas –prorrumpió a manera de excusa.

—¡Oh¡ Miss Claythorne no tiene nada de histérica –objetó Lombard.

—No, al contrario, veo en ella una joven muy sana de cuerpo y de espíritu, pero con todas estas emociones violentas eso le pasa a cualquiera.

Recogieron la poca leña que Rogers había partido y la llevaron a la cocina, donde estaban las dos mujeres trabajando. Miss Brent vaciaba las cenizas del fogón, y Vera, con la ayuda de un cuchillo, quitaba la grasa.

—Gracias, señores –dijo miss Brent, dirigiéndose a quienes traían el combustible–. Vamos a darnos prisa para que dentro de media hora esté todo dispuesto. Es necesario hacer hervir el agua ante todo.

El inspector Blove preguntó a Lombard con voz ronca:

—¿Sabe usted qué pienso?

—Desde el momento que usted piensa decírmelo, es inútil que me rompa la cabeza adivinándolo –replicóle riendo.

El inspector era un hombre serio que no admitía bromas.

—Esto me recuerda un caso que pasó en América –dijo sin pestañear–. Un señor ya mayor y su mujer fueron asesinados a hachazos. El drama tuvo lugar por la mañana y no había nadie en la casa más que su hija y la criada. Durante el juicio se demostró que ésta no pudo cometer el asesinato y, en cuanto a la otra, a la hija, era una solterona de excelente reputación; se la consideró igualmente inocente y jamás se descubrió al culpable. Me ha venido a la memoria este caso al ver el hacha apoyada en la puerta de la leñera, y a la solterona tan tranquila en la cocina, pues ni se ha inmutado. En cuanto a la joven, ¿qué más lógico que esta crisis nerviosa? ¿No opina usted también así?

—Puede ser –respondió lacónicamente Lombard.

—Pero miss Brent –prosiguió Blove–, tan cuidadosa con su delantal, me recordaba a la señora Rogers cuando dijo: «El desayuno estará dispuesto dentro de media hora.» Me parece que esta mujer está loca de atar, pues casi todas esas solteronas terminan igual. No quiero decir con esto que todas sufran manías homicidas, pero sí que muchas pierden la cabeza. Empiezo a creer que miss Brent sufre una locura mística, ya que se imagina ser el instrumento de la justicia divina o algo por el estilo. Cuando está en su cuarto, siempre lee la Biblia.

Philip Lombard lanzó un suspiro.

—Pero eso no es una prueba de desequilibrio mental – declaró.

—Quizá no, pero esta mañana ha salido con un impermeable y nos dijo que había ido a ver el mar.

Lombard inclinó la cabeza, agregando:

—Rogers fue asesinado en las primeras horas de la mañana. Miss Brent no necesitaba pasearse por la isla unas horas después del crimen. Créame, el asesino de Rogers se las ha arreglado para que lo encontremos esta mañana durmiendo en su cama.

—Me atrevo a señalar, querido Lombard, que si esta mujer fuera inocente se hubiese asustado de andar sola por la isla. Pero claro, si ella es la culpable no tiene que temer de nadie; luego ella es la criminal.

—Este argumento tiene su valor –dijo Lombard–. No había pensado en ello –y añadió, sonriendo–: Me complace comprobar que usted no sospecha de mí.

Un poco confuso, Blove respondió:

—No le niego que al principio sospeché de usted... su revólver... la extraña historia que nos contó... o mejor dicho, que nos ocultó. Pero ahora me doy cuenta de que su inocencia ha quedado bien patente. Espero que usted tendrá la misma certidumbre referente a mí.

—Puedo equivocarme –respondió Lombard–; pero no le creo con imaginación suficiente para la realización y preparación de todos estos horrores que estamos viviendo. Si usted fuera el culpable, admitiría su gran talento de actor, y ante éste tendría que quitarme el sombrero. Entre nosotros, Blove, y ya que antes de que termine el día es probable que no seamos más que dos cadáveres, ¿estuvo usted de verdad complicado en aquel asunto de falsos testimonios?

—¡Ahora ya no me importa! –respondió Blove muy molesto–. Pues bien, sí. Landor era inocente; pero la cuadrilla de bandidos me amenazó y tuve que encerrarlo por un año. Claro que todo esto es confidencial, pues a no ser por las circunstancias... jamás lo hubiese dicho...

—Y sobre todo delante de testigos –terminó Lombard, riéndose–. Pero quede usted tranquilo, que no diré nada. Por lo menos, me imagino que ganaría usted mucho dinero.

—El negocio no me dio lo que yo esperaba. Los Purcel eran una banda de harapientos; sin embargo, logré un ascenso.

—Y a Landor lo condenaron a trabajos forzados a perpetuidad y murió en la cárcel.

—¿Podía yo adivinar que iba a morir?

—No. ¡De aquí viene su mala suerte!

—¿Mi mala suerte? La de él, querrá decir.

—La de usted también. Porque ha tenido como resultado que su vida vaya a ser acortada de un modo desagradable.

—¡Que se cree usted eso! –le contestó Blove, mirándolo fijamente–. ¿Piensa usted que me voy a dejar atrapar como Rogers y los demás? Quédese tranquilo, que sé guardarme bien.

—A pesar de todo, no apostaría por usted, pues si muere, yo no cobraría.

—¿Pero qué dice?

—Le digo que no tiene ninguna probabilidad de escapar a su destino. Su falta de imaginación hace de usted un blanco ideal; un criminal tan astuto como U.N.Owen le atrapará en sus redes cuando quiera.

La cara de Blove, enrojeció de rabia.

—¿Y a usted, mister Lombard?

Los rasgos de Philip Lombard se endurecieron.

—Yo soy un hombre de recursos y me he encontrado en situaciones más peligrosas aún, de las que salí indemne... y espero salir de ésta, no diré con mayor motivo...

Los huevos se estaban friendo. Mientras, Vera tostaba pan.

«¿Por qué he tenido esa crisis de nervios? –pensaba–. He hecho el ridículo y he cometido un error. Hay que tener calma, mucha calma.»

Hasta entonces ella había conservado siempre su sangre fría.

Miss Claythorne ha dado pruebas de una sangre fría encomiable; sin dudarlo, se lanzó al agua para socorrer a Ciryl...

¿Por qué evocar ese recuerdo? Todo pertenecía al pasado... al pasado... Ciryl había desaparecido mucho antes que ella llegase a las rocas. Sintió que la corriente la llevaba y se dejó arrastrar, flotando, y por fin la lancha de salvamento... La felicitaron por su coraje y sangre fría. *Todos, a excepción de Hugo que solamente le miró a los ojos.*

¡Oh! ¡Cómo sufría pensando en Hugo después de tanto tiempo! ¿Dónde estaría? ¿Qué haría? ¿Tendría novia? ¿Estaría casado, quizá?

Emily Brent la volvió a la realidad.

—¡Vera, el pan se está quemando!

—Perdóneme, miss Brent, estoy aturdida.

Emily Brent sacaba de la sartén el último huevo frito.

Vera dispuso otro pedazo de pan para tostarlo.

—Usted tiene una calma extraordinaria, miss Brent –le dijo.

—En mi juventud me enseñaron a dominar los nervios y a no causar molestias.

—Entonces, ¿no tiene miedo? ¿No teme a la muerte?

¡Morir! Emily Brent tuvo una sensación como si una aguja le traspasase la cabeza. ¿Morir? Los demás morirían, pero no ella... Vera no lo comprendía. Los Brent no habían tenido jamás miedo. Sus ante-

pasados estuvieron al servicio del rey y afrontaron la muerte con serenidad. Llevaron una vida tan recta como ella... Jamás había hecho algo que la hiciese sonrojarse.

El señor vela por los suyos. No temáis los terrores de la noche, ni la flecha que golpea el día... ¡Estamos en pleno día! ¡La luz alejaba a los fantasmas! *Ninguno de nosotros abandonará esta isla.* ¿Quién dijo estas palabras? El general MacArthur, cuyo primo estaba casado con Elsie MacPherson. No parecía que le hubiese atormentado esta idea y la acogió con serenidad. ¡Fue un impío! Ciertas personas hacen tan poco caso de la muerte, que se suprimen ellos mismos. *Beatriz Taylor.* Esta noche pasada soñó con Beatriz. La veía apoyada en la ventana, la cara pegada a los vidrios, suplicándole que la dejase entrar. Pero ella la había dejado fuera. De haberle permitido entrar en su cuarto, aquella gran desgracia no hubiese ocurrido.

Emily tembló. Vera, su joven amiga, la miraba de forma extraña. Entonces dijo vivamente:

—¿Todo está dispuesto? Vamos a servir el desayuno.

El desayuno se salió de lo corriente. Cada uno se mostró extremadamente solícito con su vecino de mesa.

—Miss Brent, ¿puedo servirle el café?

—Miss Claythorne, ¿quiere una lonja de jamón?

—¿Un poco más de asado?

Había seis personas, todas aparentemente normales y dueñas de su sangre fría. Pero en su fuero interno las ideas daban vueltas como ardillas enjauladas.

¿A quién le tocará? ¿A quién? ¿Cómo? ¿Cuándo? ¿Lo logrará esta vez?

Me lo pregunto. ¡Si me diesen tiempo! Dios mío, ¿tendré tiempo?

Locura mística... eso es, seguramente. Mirándola, jamás se dudaría. ¿Y si me equivocase?

Pierdo la cabeza. Mi labor ha desaparecido... Las cortinas rojas también... esto no tiene sentido. No comprendo nada ni veo claro.

¡Esta especie de cretino se ha tragado todo lo que le he contado! ¡Atención, sin embargo!

Seis negritos de porcelana... No quedan más que seis. ¿Cuántos habrá esta noche?

Todo eso pensaban, inquietos, en tanto comían.

—¿Quién quiere el último huevo?

—¿Un poco de mermelada?

—Gracias. ¿Un pastelillo?

Eran seis a desayunar y todos se conducían como seres normales.

Capítulo XII

Terminada la comida, el juez Wargrave se aclaró la voz y, en tono autoritario, anunció:

—Sería muy conveniente que nos reuniésemos para discutir la situación actual. ¿Qué les parece dentro de media hora en el salón?

Todos aceptaron la idea y Vera apiló los platos.

—Voy a quitar la mesa y fregar la vajilla –anunció en alta voz.

—Lo llevaremos nosotros a la cocina.

—Muchas gracias.

Emily Brent, que se levantaba, volvió a sentarse.

—¡Oh! ¡Dios mío! –exclamó.

—¿Qué tiene usted, miss Brent? –preguntó el magistrado.

—Hubiese querido ayudar a miss Claythorne, pero no sé lo que me pasa. Me siento mareada.

—¿Mareada? –repitió el doctor, acercándose a ella–. No es nada preocupante, es la reacción de la comida. Voy a darle alguna cosa para que se le pase...

—¡No!

La palabra salió de su boca como una bala que hace explosión.

Todos se desconcertaron. El doctor enrojeció. La cara de la solterona reflejaba claramente su miedo y sus sospechas.

—Como usted guste, miss Brent –replicó Armstrong con voz fría.

—No quiero tomar nada, nada de nada. Me quedaré sentada aquí, tranquilamente, hasta que este malestar me pase.

Terminando de quitar la mesa, Blove, galantemente, se dirigió a Vera.

—Miss Claythorne –le dijo–, yo soy un hombre de principios y si lo desea la ayudaré muy gustoso.

—Como usted quiera –contestó ella sonriente.

Emily Brent se quedó, pues, sola en el comedor. Desde la cocina le llegaban los ruidos de la vajilla. La sensación de mareo le desaparecía poco a poco. Sentía una dulce lasitud, como si quisiera dormirse.

Los oídos le zumbaban... ¿O era en la habitación? ¡Ah! Si era una abeja... La veía en el cristal de la ventana.

¿Qué había dicho Vera esta mañana acerca de las abejas...? De las abejas y de la miel...

Alguien se encontraba en la habitación... una persona con el traje mojado... *Beatriz Taylor saliendo del agua*...

Si ahora volviera la cabeza la vería... pero le era imposible moverla. ¿Y si llamase? Pero... igualmente imposible llamar... No había nadie en la casa, estaba absolutamente sola en la casa...

Percibió un ruido de pasos... unos pasos pesados que se deslizaban tras ella. El paso vacilante de la ahogada... percibía un olor húmedo... en el cristal, la abeja zumbaba... zumbaba...

En este instante sintió la picadura. La abeja había clavado profundamente su aguijón en el cuello de mis Brent.

En el salón esperaban la llegada de Emily Brent.

—¿Quieren ustedes que vaya a buscarla? –propuso Vera.

—Espere un momento –dijo Blove.

Vera se sentó y cada uno de los reunidos lanzó a Blove una mirada inquisitiva.

—Escúchenme. Creo que es inútil buscar por más tiempo al autor de estas muertes sucesivas, pues es la mujer que en estos momentos se encuentra en el comedor.

—¿En qué basa su acusación? –preguntó Armstrong.

—La locura mística. ¿Qué piensa usted, doctor?

—Perfectamente verosímil, pero no voy a formular ninguna acusación... nos hacen falta pruebas antes que nada.

—Tenía un aspecto muy raro cuando preparábamos el desayuno – explicó Vera, estremeciéndose–. Sus ojos.

—Hay otra cosa –dijo Blove–. Es la única entre

nosotros que no ha querido hablar después de escuchar el disco. ¿Por qué? Porque ella no podía darnos ninguna explicación.

—¡Eso no es verdad! –exclamó Vera–. Pues ella, más tarde, me ha hecho confidencias.

—¿Qué le contó miss Claythorne? –preguntó Wargrave.

La joven repitió la historia de Beatriz Taylor.

—Este relato me parece sincero –hizo notar el juez–, y de veras lo creo. Pero dígame, miss Claythorne, ¿Emily Brent parecía experimentar remordimientos por su actitud en aquellas circunstancias?

—Creo que no. No vi en ella ninguna emoción.

—¡Esas solteronas virtuosas tienen el corazón tan duro como la piedra! –comentó Blove–. La envidia las devora.

—Son las doce menos diez y debemos rogar a miss Brent que venga –indicó el juez.

—¿No piensa usted tomar ninguna medida? –preguntó Blove.

—¿Qué decisión puedo tomar? –preguntó el magistrado–. Por ahora no tenemos más que sospechas. Sin embargo, pediré al doctor que la observe. Vayamos al comedor a buscarla.

La encontraron sentada en la butaca donde la habían dejado. Tenía la cabeza vuelta hacia la puerta y no vieron nada anormal, sino que no se movía, como si no les hubiese visto entrar.

Después se fijaron en su cara... hinchada, sus labios azulados y los ojos como extraviados...

—¡Dios mío! ¡Está muerta! –exclamó Blove.

La voz fina y calmosa del juez Wargrave rompió el silencio.

—¡Otro de nosotros que es inocente...! ¡Demasiado tarde!

Armstrong se inclinó sobre la muerta. Olfateó los labios, examinó los ojos y movió la cabeza.

—¿De qué ha muerto, doctor? –preguntó impaciente Lombard–. Estaba bien cuando la dejamos.

La atención de Armstrong se fijó en el cuello, en una señal que tenía a su lado derecho; tras una ligera pausa, dijo:

—Es la señal de una jeringuilla hipodérmica.

Se oyó un zumbido en la ventana.

—¡Miren! –gritó Vera–. ¡Una abeja! Acuérdense de lo que les decía esta mañana.

—No ha sido ese animalejo el que la ha picado. Una mano humana sostenía la jeringuilla.

—¿Qué clase de veneno le han inyectado? –preguntó el juez

—A primera vista –respondió Armstrong–, cianuro de potasio, probablemente... lo mismo que a Marston. Ha debido morir instantáneamente por asfixia.

—Sin embargo, esta abeja... –observó Vera–, ¿no es una coincidencia?

—¡Oh! ¡No! –respondió Lombard–. ¡No es una coincidencia! El asesino persiste en dar un poco de color local a sus crímenes. ¡Es un alegre viejo libertino! Sigue al pie de la letra las estrofas de esa satánica canción de cuna.

Por primera vez el capitán Lombard se expresaba con voz temblorosa. Se adivinaba que su valor, probado por una carrera llena de vicisitudes y peligros, decaía.

Estalló lleno de cólera.

—Es insensato... insensato. ¡Estamos todos volviéndonos locos!

—Todavía conservamos, así lo espero, todas nuestras facultades mentales –intervino el juez con voz monótona–. ¿Alguien ha traído a esta casa una jeringa hipodérmica?

—¡Yo! –contestó el doctor, con poca firmeza. Cuatro pares de ojos se clavaron en él. Enfadándose contra esas miradas hostiles, el doctor añadió–: No me desplazo jamás sin este instrumento. Todos los médicos hacen otro tanto.

—Es cierto –contestó Wargrave–. ¿Quiere decirnos dónde tiene la jeringuilla en este momento?

—Arriba, en mi maleta.

—¿Podríamos confirmar su afirmación?

Con el viejo magistrado a la cabeza del grupo, subieron la escalera en procesión silenciosa los cinco invitados.

El contenido de la maleta fue volcado en el suelo. Pero la jeringuilla no apareció por ninguna parte.

—¡Me la han robado! –exclamó furioso el doctor.

Un silencio sepulcral se hizo en la habitación.

El doctor estaba en pie, de espaldas a la ventana. En todas las miradas se leía la más grave acusación contra él. Miró a su vez a Vera y a Wargrave.

—Les juro que me la han robado...

Blove y Lombard se miraron. El juez declaró:

—Estamos cinco personas en esta habitación. Uno de nosotros es el asesino. Nuestra situación es cada vez más peligrosa. Debemos hacer lo posible para salvar a cuatro inocentes. Le ruego, doctor, que me diga cuáles son las drogas que tiene.

—Aquí tengo un pequeño estuche –respondió el doctor–. Pueden examinarlo. Contiene somníferos, comprimidos de sulfamidas, un paquete de bromuro, bicarbonato de sosa y aspirinas. Eso es todo. No tengo cianuro.

—Yo también he traído algunos comprimidos contra el insomnio que creo son de veronal –añadió el juez–. Usted, mister Lombard, me parece que tiene un revólver.

—¿Y qué? –gritó Lombard furioso.

—Sencillamente propongo que todas las drogas del doctor, mis comprimidos y su revólver sean recogidos y llevados a un lugar seguro, así como cualquier producto farmacéutico y todas las armas de fuego que encontremos. Hecho esto, cada uno de nosotros se someterá a un registro completo de su persona y sus ropas.

—¡Que me cuelguen si yo dejo mi revólver! –prorrumpió Lombard.

—Mister Lombard –replicó Wargrave–, usted es

un gallardo joven y muy fuerte, pero el ex inspector también posee una fuerza respetable. No sé cuál de los dos ganaría en un cuerpo a cuerpo, pero sí puedo afirmarle esto: el doctor, miss Claythorne y yo nos pondremos de parte de Blove y le ayudaremos lo mejor que podamos. Así verá cómo la suerte se vuelve contra usted a la menor resistencia que intente.

Lombard, con la cabeza echada hacia atrás, enseñó los dientes, pero se dio por vencido.

—Desde el momento en que todos se ponen contra mí... – musitó.

—Por fin es usted razonable. ¿Dónde está su revólver? – preguntó el juez.

—En el cajón de mi mesita de noche. Corro a buscarlo.

—Es mejor, creo yo, que nosotros le acompañemos.

—¡Ah! Es usted prudente, al menos –repuso Lombard, sonriendo.

Entraron todos en el cuarto de Lombard. El joven se dirigió resuelto hacia la mesita de noche y abrió el cajón. Retrocedió lanzando un juramento.

¡El cajón estaba vacío!

—¡Estarán contentos!

Desnudo como un gusano había asistido al registro de su dormitorio y de sus trajes por los tres hombres. Mientras, miss Claythorne esperaba en el pasillo.

El registro continuó de manera metódica. El

doctor, Wargrave y Blove se sometieron a su vez a esta prueba.

Cuando salieron de la habitación de Blove, los cuatro hombres se unieron a Vera.

—Espero que comprenderá, miss Claythorne –le dijo el magistrado–, que no podemos hacer una excepción con usted. Es necesario encontrar ese revólver. ¿Tendrá usted, seguramente, en su equipaje, un traje de baño?

Vera afirmó con la cabeza.

—En este caso le ruego que entre en su cuarto, se desnude, se ponga el maillot y vuelva a buscarnos aquí.

Vera entró en su habitación y cerró la puerta. Al cabo de unos minutos reapareció con un traje de baño de tricota de seda que realzaba su cuerpo.

—Gracias, miss Claythorne –dijo satisfecho el juez–. Espérenos aquí. Vamos a registrar su habitación.

Vera permaneció en el pasillo hasta el regreso de los hombres. En seguida se vistió y se unió a ellos.

—Ahora estamos tranquilos sobre un punto: ninguno de nosotros tiene armas ni venenos. Vamos a colocar las drogas en sitio seguro; en la cocina hay un pequeño armario especial para guardar los cubiertos de plata.

—Todo eso es muy bonito, pero, ¿quién guardará la llave? ¿Usted, supongo? –observó Blove.

El juez no respondió.

Bajaron a la cocina y descubrieron el pequeño

armario. Siguiendo las instrucciones del juez, pusieron allí los diferentes productos farmacéuticos y cerraron con llave. Después, bajo la vigilancia de Wargrave, metieron el armario en el aparador, que también cerraron con llave. Entonces dio la llave del armario a Lombard y la del aparador a Blove.

—Tienen ustedes la misma musculatura y son los más fuertes entre nosotros. Así será difícil para uno apoderarse de la llave del otro; en cuanto a nosotros tres, no podríamos quitársela. El intento de fracturar cualquiera de los dos muebles me parece insensato, pues el ruido que se haría despertaría las sospechas de los demás. –Hizo una ligera pausa y prosiguió–. Tenemos que resolver aún otro grave problema: ¿Dónde está el revólver de mister Lombard?

—Me parece a mí –señaló Blove– que el propietario del arma es sólo quien puede responder a esta pregunta.

—¡Cuerno! ¿No lo he dicho? ¡Me lo han robado!

—¿Cuándo lo ha visto por última vez? –preguntó Wargrave.

—Ayer noche. Estaba en mi cajón al acostarme... preparado por si lo necesitaba.

—Entonces, ha desaparecido esta mañana durante la confusión que ha ocasionado el rato en que cada uno buscaba al criado, hasta que descubrimos su cadáver.

—Seguramente está en algún sitio de la casa –declaró Vera–. Registremos un poco más.

El juez Wargrave, según su manía, se acariciaba la barbilla.

—Dudo del resultado de nuestras pesquisas. El asesino ha tenido tiempo de colocarlo en lugar seguro y desespero de encontrarlo.

Blove se expresó en voz enérgica.

—Ignoro dónde se oculta el revólver, pero me parece saber dónde encontrar la jeringuilla. Síganme.

Abrió la puerta de la entrada y les condujo fuera de la casa. Delante de la puerta del comedor vieron la jeringuilla y a su lado una estatuilla de porcelana rota... El sexto negrito.

—La jeringuilla no podía estar en otro sitio –añadió triunfante–. Después de asesinar a miss Brent, el criminal abrió la ventana y arrojó la jeringuilla, cogiendo en seguida al negrito y lanzándolo por el mismo camino.

No encontraron ninguna huella digital sobre la jeringuilla; había sido limpiada cuidadosamente.

—Ahora busquemos el revólver –dijo Vera decidida.

—Eso es –añadió el juez–, pero hagámoslo sin separarnos; acuérdense de que si no lo hacemos así, favoreceremos los propósitos del loco.

Minuciosamente, desde el sótano hasta el desván, examinaron la casa, pero sin ningún resultado.

¡Ni rastro del revólver!

Capítulo XIII

U no de nosotros... uno de nosotros... uno de nosotros!

Estas palabras, repetidas sin cesar, resonaban en sus cabezas atolondradas. Cinco personas vivían en la isla del Negro, obsesionadas por el miedo... Cinco personas que se espiaban mutuamente, sin molestarse en disimular su nerviosismo.

Había cinco enemigos encadenados por el instinto de conservación. No había en su trato violencia ni cortesía.

Bruscamente, todos bajaron hasta el último escalón de la humanidad y se pusieron al nivel de las bestias. Como una vieja tortuga fatigada, el juez Wargrave estaba encogido y con la mirada siempre alerta. Blove parecía más pesado; eran más torpes sus movimientos: su manera de andar semejaba la de un enorme oso, con los ojos inyectados de sangre. Todo él respiraba ferocidad y brutalidad; creyérasele un animal de presa esperando caer sobre sus perseguidores.

En cuanto a Philip Lombard, sus instintos se habían agudizado. Su oído percibía el menor ruido. Su paso era más ligero y rápido, su cuerpo era más flexible y gentil. Frecuentemente sonreía, descubriendo sus dientes tan agudos y blancos.

Vera Claythorne, deprimida, pasaba la mayor parte del día recostada en un butacón, con los ojos bien abiertos mirando al vacío. Se parecía a un pajarillo que acababa de estrellarse contra un cristal y que una mano humana lo hubiera recogido. Asustada, incapaz de moverse, esperaba sobrevivir conservando una inmovilidad absoluta.

Armstrong tenía los nervios de punta. Tics nerviosos contraían su cara; las manos le temblaban. Encendía un cigarrillo tras otro para tirarlos cuando había dado unas chupadas. La inacción obligada le atacaba más que a sus compañeros. De vez en cuando lanzaba un torrente de divagaciones...

—Nosotros... no debemos permanecer cruzados de brazos. ¡Tenemos que hacer algo! ¡Tratar de encontrar el medio de salir de este infierno! ¿Y si encendiéramos un gran fuego?

—¿Con un tiempo como éste? –le respondió Blove.

La lluvia caía de nuevo a chaparrones. Un viento huracanado y el continuo tamborileo del agua azotando los cristales, acababa por volverles locos.

Tácitamente, los cinco supervivientes habían adoptado un plan de campaña. Estaban en el salón y nunca más de una persona a la vez se iba de la habitación, quedándose los cuatro en espera de su regreso.

—No hay más que esperar –observó Lombard–. El cielo va a despejarse y entonces podremos intentar salvarnos; hacer señales, encender un gran fuego, construir una balsa, en fin, cualquier cosa.

—¡Esperar...! ¡No podemos permitirnos ese lujo! –añadió Armstrong–. Estamos predestinados a morir...

—Si no permanecemos alerta... –declaró el juez en voz clara, pero decidida–. No obstante, no hay más que seguir vigilando nuestras vidas...

La comida del mediodía fue despachada sin ninguna etiqueta. Los cinco se reunieron en la cocina; en la despensa encontraron gran cantidad de conservas. Abrieron una lata de lengua de vaca y dos de fruta.

Comieron de pie, alrededor de la mesa de la cocina.

Luego volvieron al salón, se sentaron en sus butacas y recomenzaron a espiarse atentamente los unos a los otros.

Desde entonces los pensamientos que se arremolinaban en sus cerebros volvíanse morbosos, febriles, completamente anormales.

«Ese Armstrong... me parece que me mira de una forma... Tiene los ojos de un loco... Quizá sea tan médico como yo... Es lo mismo... es un loco escapado de un manicomio y que se hace pasar por doctor... Esa es la verdad... ¿Debo decírselo a los otros?

¡Proclamar la verdad...! No, pues se pondría aún más en guardia. Por otra parte, disimula muy bien, queriendo hacernos creer que está cuerdo. ¿Qué hora es...? Sólo las tres y cuarto... ¡Oh, Dios mío! Es para volverse loco. No hay duda alguna, es Armstrong.»

«¡No, no me atraparán! ¡Soy lo bastante fuerte para defenderme! No sería la primera vez que me encuentro en situaciones críticas... ¿A dónde demonios ha ido a parar mi revólver...? ¿Quién lo habrá robado...? ¿Quién lo tiene ahora...? ¡Nadie... claro...! Nos hemos registrado todos... nadie lo tiene... ¡pero alguien sabe dónde está!»

«Los otros se están volviendo locos... todos pierden la cabeza... tienen miedo a morir... todos tememos la muerte... yo la temo, pero esto no impide que se acerque... El coche fúnebre espera a la puerta, señor. ¿Dónde he oído eso...? La jovencita... la voy a espiar... sí, voy a vigilarla mejor...»

«Las cuatro menos veinte... ¡Dios mío, sólo las cuatro menos veinte...! El péndulo se ha parado, seguramente... no... No comprendo absolutamente nada... Esta clase de cosas no pueden ocurrir... y, sin embargo, ocurren... ¿Por qué no despertarnos? ¡Arriba! ¡Es el día del Juicio Final! No me equivoco... Si pudiese al menos reflexionar... mi cabeza, mi pobre cabeza... va a estallar... a partirse en dos... Ocurren cosas inconcebibles... ¿Qué hora es? ¡Dios mío, sólo las cuatro menos cuarto!»

«Es necesario que conserve toda mi sangre fría... Si por lo menos no perdiese la cabeza... todo está clarísimo... y combinado con mano maestra... pero nadie debe sospechar... Es preciso salvarme... a toda costa... ¿A quién le tocará ahora? Eso es lo importante. ¿A quién? Sí, yo creo... ¿a él?»

El reloj dio las campanadas de las cinco, y todos se sobresaltaron.

—¿Alguien quiere tomar el té? –preguntó Vera.

Durante un momento continuó un silencio.

—Yo tomaría una taza muy gustoso –dijo Blove.

Vera se levantó.

—Voy a prepararlo –dijo–. Todos ustedes se pueden quedar aquí, si quieren.

—Preferimos seguirla y mirarla cómo lo hace, mi querida señorita –le dijo amablemente Wargrave.

—¡Naturalmente, ya me lo esperaba! –contestó Vera con una risita nerviosa, mirándolo fijamente.

Los cinco se fueron a la cocina. Vera preparó el té y bebió una taza acompañada de Blove. Los otros bebieron whisky... Descorcharon una botella y cogieron una botella de soda de una caja que todavía no se había abierto.

—¡Dos precauciones –murmuró Wargrave– valen más que una!

Volvieron al salón y, aun cuando estaban en verano, la estancia estaba oscura. Lombard dio la vuelta a la llave de la luz y no se encendieron las lámparas.

—No es extraordinario –indicó Lombard–. El motor del generador no funciona; Rogers ya no puede cuidarse de él. Podríamos ir a ponerlo en marcha.

—He visto un paquete de velas en el armario. Es mejor usarlas –indicó el juez.

Lombard salió de la habitación. Los otros cuatro continuaron espiándose.

El capitán volvió con una caja de velas y un montón de platillos. Encendieron cinco y las colocaron en diferentes sitios del salón.

Eran las seis menos cuarto.

A las seis y veinte, Vera, cansada de estar sentada y sin moverse, tomó la decisión de irse a su dormitorio y mojarse la cara y las sienes con agua fría.

Levantándose, se dirigió hacia la puerta, pero retrocedió en seguida para tomar una vela de la caja. La encendió y, dejando caer algunas gotas de cera en un platillo para asegurarse de que así la vela no caería, salió del salón.

Llegó ante la puerta de su cuarto y, al abrirla, retrocedió, quedándose inmóvil... las aletas de su nariz se estremecieron... El mar... percibió el mismo olor, el olor del mar de Saint Treddennick... Sí, eso era, no podía equivocarse. Pero en una isla no tenía nada de raro que se respirase la brisa del mar, sin embargo, Vera experimentaba una impresión diferente. Este olor era el mismo que el de aquel día en la playa... cuando la marea bajaba y dejaba al descubierto las rocas cubiertas de algas secándose al sol.

«Quiero nadar hasta las rocas, miss Claythorne. ¿Por qué no me deja ir hasta allá?»

«¡Qué niño más mimado! Sin él, Hugo hubiese sido rico... y libre de casarse con la mujer que amaba...»

«Hugo... Hugo... estaría seguramente cerca de ella... quizá la esperaba en su habitación.»

Avanzó un paso y la corriente de aire apagó la vela. En la oscuridad, Vera tuvo miedo...

¡No seas tan tonta! ¿Por qué atormentarte? Los demás están abajo y no hay nadie en mi cuarto; me forjo unas ideas tan ridículas...

Pero este olor... ¡Este olor que evocaba la playa de Saint Treddennick...! No era imaginación, sino realidad. Seguro; había alguien en la habitación... oyó un ruido, estaba persuadida de ello... una mano fría y viscosa le tocó la garganta... una mano mojada, oliendo a mar.

Vera lanzó un grito. Un grito penetrante y prolongado. El pánico se había apoderado de todo su ser. Gritó pidiendo socorro. No oyó el ruido que procedía del salón.

Una silla cayó. Una puerta abierta violentamente y pasos que subían corriendo por la escalera. Vera era presa del terror.

En seguida las luces alumbraron la entrada de su

habitación y todos entraron en ella. Vera recuperó un poco la serenidad.

—¡Dios mío! ¿Qué me ha pasado? ¿Qué es esto?

Estremeciéndose, cayó desvanecida. Le pareció que alguien, inclinado sobre ella, le obligaba a bajar la cabeza hasta las rodillas. Escuchó una exclamación. «¡Por favor, miren!» Al mismo tiempo, Vera se reanimó. Abriendo mucho los ojos, levantó la cabeza y vio lo que los hombres habían percibido a la luz de las velas.

Una cinta muy larga y húmeda colgaba del techo. Esto era lo que en la oscuridad le había rozado el cuello y que tomó por una mano viscosa, la mano de un ahogado que ha regresado del reino de las sombras para quitarle la vida...

Vera se echó a reír.

Era una alga marina... sólo una alga lo que sintió.

De nuevo perdió el conocimiento. Olas enormes se echaban sobre ella. Una vez más, alguien se apoyaba fuertemente sobre su cabeza, obligándola a doblar la espalda.

Le daban algo para beber y le ponían el vaso entre sus dientes. Sintió el olor del alcohol. Iba a beber agradecida, cuando una voz interior, una señal de alarma, resonó en su cabeza... Se enderezó y rechazó la bebida. Con un tono áspero, inquirió:

—¿De dónde viene esta bebida?

Antes de responder, Blove la miró intensamente.

—He ido a buscarla abajo.

—No quiero beberla.

Después de un momento de silencio, Lombard se echó a reír.

—¡Enhorabuena, Vera! –exclamó–. Usted no pierde la cabeza a pesar del miedo que ha pasado hace un instante. Voy a buscar una botella que esté sin descorchar.

—Ya estoy mucho mejor –declaró Vera, sin saber lo que decía– . Prefiero beber un poco de agua.

Sostenida por el doctor Armstrong, se puso en pie, dirigiéndose al lavabo agarrada al doctor para no caerse. Abrió el grifo y llenó un vaso.

—Este coñac es inofensivo –dijo Blove evidentemente picado.

—¿Cómo lo sabe usted? –le preguntó Armstrong.

—No he echado nada dentro –protestó Blove furiosamente–. Aunque usted quisiera hacer creer lo contrario.

—No le acuso de nada, pero usted u otra persona habría podido envenenar esa bebida.

Lombard volvió en seguida con otra botella de whisky y un sacacorchos; dio la botella a Vera para que viera que estaba intacta.

—Tenga, muñeca, no la engañarán esta vez.

Quitó la cápsula de estaño y descorchó la botella.

—Por fortuna, la provisión de licores no se agotará tan fácilmente. Este U.N.Owen es la previsión en persona.

Vera se estremeció violentamente.

Armstrong tendió su vaso, en tanto Philip lo llenaba.

—Beba, señorita –aconsejó éste–, acaba usted de sufrir un gran susto.

Vera mojó sus labios en el vaso, y los colores reaparecieron en sus mejillas.

—Afortunadamente –dijo, riéndose, Lombard–, he aquí un crimen frustrado que no se ajusta al programa.

—¿Usted cree que querían matarme? –preguntó Vera.

—Esperaban... –añadió Lombard–... que muriese del susto. Esto les ocurre a muchas personas. ¿Verdad, doctor?

Sin comprometerse, Armstrong respondió, ligeramente incrédulo:

—¡Hum! Nada se puede afirmar. Miss Claythorne es joven y fuerte... Por otra parte, no padece ninguna afección cardíaca.

Cogió el vaso de coñac traído por Blove y mojó el dedo, probándolo después con precaución. Su expresión no cambió.

—Tiene el sabor normal –añadió con cierta desconfianza.

Blove se abalanzó colérico contra el doctor.

—Diga que lo he envenenado y le aseguro que le rompo la cara.

Vera, reconfortada gracias al coñac, intentó desviar la conversación.

—¿Dónde está el juez Wargrave? –preguntó.

Los tres hombres cruzaron sus miradas.

—¡Qué raro, creía que subía con nosotros!

—También yo –dijo Blove–. Doctor, usted subía detrás mío.

—Tenía la impresión de que me seguía –añadió Armstrong–. Claro que, como es un anciano, anda más despacio que nosotros.

—No lo comprendo –dijo Lombard.

—Vamos a buscarlo –propuso Blove.

Se dirigió hacia la puerta, seguido por los otros dos hombres y Vera cerró la puerta. Cuando bajaban la escalera, Armstrong expuso:

—Seguramente debe de haberse quedado en el salón.

Atravesaron el vestíbulo y el doctor llamó al juez en voz alta:

—Wargrave, Wargrave, ¿dónde está usted?

¡Ninguna respuesta! Un silencio mortal quebrado tan sólo por el ruido monótono de la lluvia.

Cuando llegaron a la entrada del salón, Armstrong se detuvo. Los demás, tras él, miraban por encima de sus espaldas. ¡Alguien lanzó un grito!

El juez Wargrave estaba sentado al fondo de la habitación en un butacón de alto respaldo. Dos velas brillaban en cada uno de sus brazos. Pero lo que más les sorprendió fue que vestía su toga roja de magistrado y llevaba puesta la peluca.

El doctor hizo un signo a los demás para que retrocedieran. Atravesó la habitación como un hombre ebrio y se acercó al juez. Con la mirada fija en él, se inclinó sobre el magistrado y examinó su semblante inerte. Con gesto brusco le quitó la peluca, que cayó al suelo, dejando al descubierto la frente en la que aparecía un agujero redondo, teñido de rojo, de donde salía una sustancia viscosa.

Armstrong le levantó la mano e intentó tomarle el pulso.

—Ha muerto de un tiro –les dijo emocionado a los demás.

—¡Dios mío...! –gritó Blove–: ¡El revólver!

—Ha recibido la bala en mitad de la cabeza, la muerte fue instantánea –afirmó el doctor.

Vera se paró delante de la peluca, angustiada por el horror, el miedo y la tensión.

—¡La lana gris que perdió miss Brent...!

—Y la cortina de tafetán rojo –añadió Blove –que faltaba en el cuarto de baño.

—He aquí la causa –observó Vera– de la desaparición de esos objetos.

De repente, Lombard estalló en una risa nerviosa, mientras recitaba:

—¡*Cinco negritos estudiaron derecho. Uno de ellos se doctoró y quedaron cuatro!* Éste es el final de Wargrave, el juez sanguinario. ¡Ya no se pondrá más su birrete negro! ¡Ya no enviará más inocentes al cadalso! ¡Por última vez ha presidido el tribunal! ¡Lo que se reiría Edward Seton si se encontrase aquí ahora!

Esta explosión de cólera escandalizó a los demás.

—No sea así –exclamó Vera–. Esta mañana usted mismo le acusaba de ser el asesino desconocido.

La cara de Lombard cambió de expresión. Ya calmado, dijo en voz baja:

—En efecto, le he acusado... pero me equivoqué. Otro de nosotros que descubrimos que es inocente... ¡demasiado tarde!

Capítulo XIV

Transportaron el cuerpo del juez Wargrave a su habitación y lo tendieron en la cama. Después bajaron al vestíbulo y se pararon indecisos, mirándose unos a otros.

—¿Qué hacemos ahora? –preguntó Blove.

—Primero cuidemos de reparar nuestras fuerzas. Es preciso comer para vivir –se apresuró a contestar Lombard.

Una vez más volvieron a la cocina; abrieron una lata de lengua de vaca y los cuatro comieron maquinalmente y sin gran apetito.

—¡Jamás volveré a comer lengua! –exclamó Vera.

Cuando terminaron de comer, permanecieron sentados alrededor de la mesa, mirándose unos a otros.

—Ahora no somos más que cuatro –declaró Blove–. ¿Quién será el próximo?

El doctor lo miró intensamente.

—Tomemos toda clase de precauciones...

Se interrumpió, y Blove aprovechó para hacer esta observación:

—Las mismas palabras que dijo... y ¡ahora está de cuerpo presente!

—No sé cómo ha ocurrido –dijo el doctor muy extrañado.

—¡La jugada ha sido perfecta! –profirió Lombard–. La cuerda fue atada en el techo del cuarto de miss Claythorne y ha desempeñado el papel previsto por el asesino. Nos precipitamos hacia su dormitorio ante la creencia de que ella acababa de ser asesinada y, aprovechando esta confusión, alguien ha suprimido al viejo juez, que no estaba alerta.

—¿Cómo explicarse que nadie haya oído el disparo? –preguntó Blove.

Lombard inclinó la cabeza pensativamente.

—En esos momentos miss Claythorne gritaba como una condenada. Con el ruido del viento y nosotros corriendo y llamándola, es lógico que no hayamos oído nada. Pero ahora no nos engañará tan fácilmente. Tendrá que ser más listo la próxima vez.

—Contémonos –añadió Blove.

El tono de su voz era desagradable; los otros cambiaron una mirada.

—Somos cuatro –dijo Armstrong– y no sabemos cuál...

—¡Yo lo sé! –afirmó Blove.

—Jamás he dudado... –comenzó a decir Vera.

—Yo creo realmente conocer... –insinuó Armstrong con calma.

—A mí me parece que mi idea es la buena –añadió Lombard.

De nuevo todos se miraron entre sí.

Vera se levantó casi tambaleándose.

—Me siento muy mal y voy a acostarme. No puedo más.

—Haríamos bien en imitar su ejemplo –dijo Lombard–, ¿para qué quedarnos aquí mirándonos?

—Me parece muy bien –añadió Blove.

—Será mejor subir a nuestros cuartos –indicó el doctor–, aunque alguno no pueda dormir.

—Me gustaría saber dónde puede estar ahora el revólver.

Los cuatro subieron silenciosamente la escalera y la escena que siguió fue digna de un vodevil.

Cada uno estaba delante de su habitación con la mano puesta en el pomo de la cerradura. Como si hubiesen esperado una señal entraron al mismo tiempo, cerraron las puertas y se oyó el ruido de cuatro cerrojos, el rechinar de llaves y muebles que eran arrastrados.

Cuatro seres humanos muertos de terror montaron su barricada para pasar la noche.

Philip Lombard lanzó un suspiro de satisfacción cuando puso una silla tras la puerta. Se dirigió a la mesilla de noche y puso encima la vela. Se miró al espejo para estudiar sus rasgos. «Ya puedes hacerte el fuerte –se dijo a sí mismo–, pero todas estas historias comienzan a turbarte el cerebro.»

Desfloróse nuevamente su sonrisa de lobo.

Se desnudó y puso el reloj encima de la mesilla. Abrió el cajón y se sobresaltó, pues allí estaba su revólver.

Vera Claythorne estaba acostada. La vela seguía encendida; no tenía valor para apagarla, la oscuridad le daba miedo...

No cesaba de repetirse lo mismo: «Debo estar tranquila hasta mañana. ¡Nada ocurrió la noche pasada, nada ocurrirá esta noche! He cerrado con llave y cerrojo la puerta, nadie puede entrar en mi habitación. Es cierto –pensaba–; puedo quedarme encerrada en mi cuarto... La cuestión de la comida es secundaria. Es posible que pueda esperar aquí hasta que vengan a socorrernos, pero si tengo que permanecer en mi dormitorio un día o dos...»

Estar encerrada en su dormitorio... ¡bien! Pero, ¿esto sería posible?

¿Tendría valor para no salir de su cuarto? ¡Tendría que estar muchas horas sin hablar con nadie ni cambiar impresiones!

Los recuerdos se amontonaron en su cabeza. Todos eran iguales... Hugo... Ciryl... ese horrible niño que no cesaba de importunarla...

—*Quiero nadar hasta las rocas, miss Claythorne. ¿Por qué no me deja ir hasta allá?*

Siempre... estas palabras grabadas en su mente. Hasta que...

—Tienes que comprenderlo, Ciryl; si te dejara,

mamá estaría angustiada por ti. Pero, mira, mañana nadas hasta las rocas mientras yo entretengo a mamá para que no te vea, y cuando estés encima de las rocas le haces señales y verás qué contenta se pone; para ella será una sorpresa.»

—¡Ah! Es usted muy amable, miss Claythorne... esto resultará delicioso.»

Se lo prometió porque Hugo estaría en Newgray todo el día y, cuando volviese, todo habría terminado... se lo había prometido.

Pero, ¿y si no ocurría nada? Ciryl diría que miss Claythorne le dejó ir hasta las rocas. Pero había que correr ese riesgo, pues de lo contrario... No ocurriría esto, pues la corriente era demasiado fuerte, no sólo para un niño, sino para una persona mayor. Y si se salvaba, diría: «Si yo te lo he prohibido siempre, ¿por qué mientes?» Nadie sospecharía de ella.

¿Hugo lo había sospechado? ¿Qué significaaba la mirada tan extraña que le dirigió después del... accidente? ¿Lo sabía Hugo?

Desapareció de su vida y jamás contestó a sus cartas... ¡Hugo!

Vera se revolcaba en la cama. No, no. Era preciso no pensar más en Hugo. Su recuerdo le hacía sufrir demasiado. Todo terminó. Debía borrar de su alma la imagen de Hugo. ¿Por qué esta noche tuvo la sensación de que estaba a su lado?

No podía dormirse y, al levantar sus ojos hacia el techo, vio el cordón colgado y se estremeció al recordar aquella mano viscosa que le rozó el cuello... Ese cordón en medio de la habitación le fascinaba, pues atraía irresistiblemente su mirada.

El ex inspector Blove, sentado en su cama, con los ojos inyectados de sangre, espiaba las sombras del cuarto. Parecía una bestia salvaje al acecho de su enemigo.

lnútilmente probó de dormirse. La amenaza del peligro era cada vez más angustiosa. De diez personas sólo quedaban cuatro. A pesar de todas las precauciones, el viejo magistrado sucumbió como los demás.

«Permanezcamos alerta», es lo que dijo ese viejo. ¡Cuando presidía el tribunal se creía un dios! ¡Pero, con todo, recibió su merecido! ¡Ahora no necesitaba estar alerta!

De las diez personas que desembarcaron en la isla, sólo cuatro vivían aún.

Pronto una séptima víctima caería, pero no seria Henry William Blove; vigilaría.

Pero, ¿dónde estaba ese condenado revólver? Éste era el lado angustioso de la cuestión... el revólver... la frente surcada de arrugas, los párpados cerrados... Blove meditaba sobre la desaparición del revólver.

En el silencio de la noche oyó dar las doce en el reloj. Sus nervios se tranquilizaron un poco y se tumbó en la cama, sin desnudarse.

Permanecía inmóvil, sumido en sus propios pensamientos.

Pasaba revista a los acontecimientos ocurridos en la isla del Negro con el mismo escrúpulo con que procedía en la redacción de sus informes policiales cuando estaba en Scotland Yard. Para descubrir la verdad no hay que desperdiciar ningún detalle.

La llama de la vela amenazaba apagarse. Aseguróse de que tenía a mano las cerillas y sopló la luz. Cosa rara; la oscuridad redobló su inquietud, su cerebro estaba invadido por terroríficas imágenes. Caras flotaban en el aire: la del juez con su peluca de lana gris; la de mister Rogers con su delantal; la cara convulsa de Anthony Marston, y una cara que no había visto, mas no era en la isla... hacía mucho tiempo... No podía decir quién era... ¡Ah, sí! ¡Era Landor! ¿Cómo había olvidado esa cara? Landor estaba casado y tenía una niñita de unos cuatro años. Se preguntaba por primera vez qué habría sido de ella y de su madre.

¿Dónde estaba el revólver? Esta pregunta dominaba sobre las demás. Cuanto más lo pensaba mas lío se hacía. No lograba entender cómo pudo desaparecer... Alguien sabía dónde estaba...

En el reloj sonó la una de la noche.

Los pensamientos cesaron de repente. Siempre alerta se sentó en la cama; acababa de percibir un ruido muy tenue al otro lado de la puerta. Alguien se removía en la casa envuelto en las tinieblas.

El sudor resbalaba por su frente. ¿Quién se deslizaba tan furtivamente por el pasillo? Alguien con intenciones criminales... Blove lo hubiese jurado.

A pesar de su peso, saltó de la cama sin hacer ruido y se acercó a la puerta a escuchar. Pero no oyó nada, aunque estaba seguro de no haberse equivocado. Los pasos se habían percibido cerca de la puerta. Los cabellos se le erizaron.

Ahora conocía por primera vez el miedo...

Alguien se deslizaba furtivamente... de nuevo escuchó... pero el silencio se hizo...

Tuvo la tentación de abrir la puerta y salir a ver quién era. ¡Si tan sólo pudiera descubrir al ser que se arrastraba en la oscuridad! Pero sería una locura el abrirla; esto a buen seguro es lo que esperaba el otro, que saliese de su dormitorio impulsado por la curiosidad.

Se puso rígido de miedo. Le parecía ahora oír ruidos... Murmullos... crujidos... Pero su cabeza los tomaba por lo que no era en realidad más que fruto de su imaginación...

De repente percibió un ruido... esta vez no era ilusión... pisadas que eran sólo perceptibles al oído muy ejercitado de Blove.

Alguien andaba a lo largo del pasillo –las habitaciones de Lombard y Armstrong estaban al fondo– y pasaba por delante de su puerta sin la menor vacilación.

En este momento tomó la decisión de saber quién era el noctámbulo. Ahora bajaba la escalera. ¿A dónde iba?

De puntillas se fue hacia la cama. Puso la caja de cerillas en su bolsillo, quitó el enchufe de la lámpara, arrolló el flexible en el brazo de ésta, que era de acero cromado, y pensó que el artilugio le serviría de arma en caso de necesidad.

Con mil precauciones y descalzo, retiró la silla, descorrió el cerrojo y abrió la puerta. Avanzó por el pasillo y, procedente del vestíbulo, llegó hasta él un ligero ruido. Se dirigió a la escalera. Comprendió en este momento por qué había oído tan distintamente los pasos, pues el viento se había calmado y el cielo se despejaba. Por la ventana del pasillo un pálido rayo de luna iluminaba el vestíbulo y vio una figura humana que salía por la puerta principal.

Bajó los peldaños de cuatro en cuatro en su persecución, pero se detuvo en seco. ¿Una vez más iba a conducirse como un imbécil? ¡No, no iba a caer en la trampa que le preparaba el fugitivo para atraerlo fuera de la casa!

Pero, ¡el otro sí que acababa de hacer una bobada! Sólo tendría que examinar cuál de las tres habitaciones ocupadas por los hombres estaba vacía.

Corriendo volvió al pasillo y llamó a la puerta de Armstrong. Ninguna respuesta. Esperó un minuto y golpeó en la de Lombard. La respuesta vino en seguida.

—¿Quién está ahí?

—Blove. Armstrong no está en su cuarto; aguarde un minuto. Llamó a la de Vera.

—¡Miss Claythorne! ¡Miss Claythorne!

—¿Qué pasa? ¿Qué pasa? –respondió Vera asustada.

Rápidamente se volvió hacia la puerta de Lombard y éste ya estaba de pie con una vela en la mano izquierda y la derecha metida en el bolsillo del pijama.

—Pero, ¿qué demonios pasa?

Blove le explicó la situación en dos palabras. Los ojos de Lombard centellearon.

—¿Entonces es Armstrong?

Se dirigió hacia la puerta del médico y le dijo a Blove:

—Perdóneme, pero ahora no me creo sino lo que veo.

Golpeó la puerta.

—Armstrong... Armstrong.

Ninguna respuesta. Arrodillándose, Lombard miró por la cerradura.

La llave no estaba en la puerta.

—Ha debido cerrar y llevarse la llave –dijo Blove.

—La precaución es lógica –afirmó Lombard–. Vamos a por él. Esta vez lo tenemos. Espere un segundo.

Corrió hacia la puerta de Vera y la llamó:

—¿Vera?

—Sí.

—Vamos a la captura del doctor, que no está en su habitación. Sobre todo no abra la puerta, ¿comprende?

—Sí, comprendo.

—Si Armstrong sube y le dice que tanto Blove como yo hemos muerto, no haga caso. No abra la puerta más que a Blove o a mí si la llamamos. ¿Comprende?

—Sí, no soy tan tonta.

—¡Perfectamente!

Lombard se reunió con Blove.

—Y ahora corramos tras él –dijo–. La caza comienza.

—Muy alerta –recomendó Blove–. No olvide que tiene un revólver.

—¡En eso se equivoca usted!

Abrió la puerta.

—El cerrojo no está echado... Podría volver de un momento a otro. Soy yo quien tiene el revólver. Esta noche lo volví a encontrar en mi mesilla, lo habían puesto allí otra vez.

Blove se paró en la misma puerta y Lombard notó la palidez de su rostro.

—¡No haga el idiota, Blove! No voy a matarlo, y si tiene miedo quédese en su cuarto, pero yo voy en persecución de Armstrong.

Y se alejó bajo el claro de luna. Blove dudó un instante y le siguió. Mientras andaba pensó: «Tengo la impresión de ir tras mi desgracia. Después de todo...»

Después de todo no era la primera vez que tenía que habérselas con criminales armados. Blove tenía muchos defectos pero no le faltaba el valor ante el peligro. La lucha en terreno descubierto no le daba miedo, pero el peligro de lo sobrenatural le horrorizaba.

Vera esperaba los resultados de la persecución; se volvió y arregló.

Miró a la puerta dos o tres veces; era sólida y capaz de no ceder. Además, estaba echada la llave y el cerrojo, y una silla bajo el pomo de la cerradura atrancaba la puerta; para derribarla se necesitaba un hombre más fuerte que el doctor.

Vera pensaba que Armstrong, para cometer un crimen, emplearía la astucia y no la fuerza, y se entretuvo en pensar lo que podía suceder.

Según Lombard, podría anunciar la muerte de uno de los dos, pretendiendo estar herido, para que abriese la puerta y le curase. Aunque consideraba otras eventualidades, podría anunciar también, por ejemplo, que la casa estaba ardiendo. Allí mismo provocaría un incendio. Después de haber atraído a los dos hombres fuera, podía echar una cerilla encendida sobre una cantidad de gasolina derramada por él con anticipación. Y ella, como una tonta, permanecería emparedada en su habitación hasta que fuese demasiado tarde.

Se dirigió hacia la ventana. La altura no tenía nada de particular. En caso de necesidad podría salvarse saltando por allí. Sería un salto respetable, pero debajo había un arriate florido que amortiguaría el golpe de la caída.

Se sentó delante de la mesa y empezó a escribir en su diario para matar el tiempo.

Bruscamente se puso rígida y se quedó escuchando. Creyó oír abajo un ruido que parecía el de cristales rotos. Se quedó sin moverse por ver si se repetía. Creyó percibir pasos furtivos, crujidos en la escalera, pero nada definido y acabó, como Blove, por creer que era producto de su imaginación excitada. En seguida le llegaron, bastante claros, murmullos de voces... pisadas fuertes que subían la escalera, puertas que se abrían y cerraban, ruidos en el desván y, por último, pasos en el pasillo y la voz de Lombard que decía:

—¡Vera! ¿Está usted ahí?

—Sí, ¿qué pasa?

La voz de Blove:

—¿Quiere usted abrirnos?

La joven fue hacia la puerta, quitó la silla, dio la vuelta a la llave en la cerradura y descorrió el cerrojo. Quedó la puerta abierta. Los dos hombres jadeaban y sus zapatos y los bajos del pantalón estaban mojados.

—Pero ¿qué pasa? –insistió la joven.

—¡Armstrong ha desaparecido!

Vera se sobresaltó.

—Pero ¿qué dice?

—Se ha eclipsado de la isla –confirmó Blove–. Escamoteado, como en una función de magia.

—Todo esto es estúpido –protestó Vera–. Se ocultará en algún sitio.

—¡De ninguna manera! –añadió Blove–. No hay ningún sitio en la isla donde ocultarse.

—El acantilado está tan desnudo como su mano, miss Claythorne.

—Además de no haber vegetación, la luna iluminaba como si fuese de día. No hemos podido encontrarlo.

—Habrá vuelto a la casa –aventuró Vera.

—Ya lo pensamos –añadió Blove– y hemos rebuscado desde el sótano al desván. No, no está aquí, se lo aseguro, ha desaparecido como el humo.

—¡No creo una palabra!

—Sin embargo, es la verdad –intervino Lombard. Tras una pausa añadió–: Quiero ponerla al corriente de otro pequeño detalle. Una bandeja de cristal del comedor ha sido rota... *y no quedan más que tres negritos sobre la mesa.*

Capítulo XV

Tres personas estaban sentadas en la cocina desayunando. Afuera, el sol brillaba como anunciador de un día espléndido, pues la tempestad se había apaciguado.

Este cambio de tiempo operó una transformación en los caracteres de los tres prisioneros de la isla. Les parecía salir de una pesadilla. El peligro continuaba existiendo, pero desaparecía el miedo con el día soleado. La atmósfera de horror que sufrieron la víspera con el huracán y la lluvia se había disipado.

Lombard sugirió a sus compañeros:

—¿Y si probásemos a hacer señales heliográficas con la ayuda de un espejo, poniéndonos en el punto más elevado de la isla? Algún inteligente pescador comprenderá que se trata de un SOS y por la noche encenderemos un gran fuego. Desgraciadamente, no tenemos mucha madera; por otra parte, puede ocurrir que los del pueblo crean que se trata de un fuego amenizado con danzas y canciones.

—Seguramente –observó Vera–, alguien de la

costa conocerá el alfabeto Morse y no tardarán en venir a socorrernos... antes de que anochezca.

—El cielo está despejado –indicó Blove–, pero el mar continúa embravecido. Las olas son terribles y me parece que una embarcación no podría llegar a la isla hasta mañana.

—Otra noche que pasaremos aquí –exclamó Vera.

Lombard alzó los hombros.

—Más vale tomarlo con resignación. Estaremos a salvo antes de veinticuatro horas, confío en ello. Si podemos sostenernos durante ese tiempo, lo lograremos.

—Será interesante examinar la situación –dijo Blove.

—¿Qué le ha ocurrido a Armstrong?

—Creo que tenemos una pieza de convicción: en el comedor no quedan más que tres negritos. Eso indica que el doctor ha recibido su golpe de gracia.

—Entonces... –replicó Vera–, ¿cómo es que no encuentramos su cadáver?

—Han podido echarlo al mar –observó Blove.

—¿Quién? –preguntó Lombard–. ¿Usted? ¿Yo? Usted lo ha visto salir anoche por la puerta y usted ha venido a buscarme a mi dormitorio. Juntos hemos registrado las rocas y la casa. ¿Quién diablos habrá tenido tiempo de matarlo y transportar su cadáver a otra parte de la isla?

—Lo ignoro –dijo Blove–, pero de todas maneras yo sé una cosa.

—¿Qué? –preguntó Philip.

—Con respecto al revólver, y a ése me refiero, es el de usted y aún está en su poder. Nada me prueba que se lo robaran.

—Pero, ¡qué me está contando, Blove! Usted sabe perfectamente que todos hemos sido registrados con minuciosidad.

—¡Cuerno! Lo escondió antes de que lo registráramos. Después lo ha recuperado.

—¡Cabeza de mula! Le juro que he vuelto a encontrarlo en el cajón y he sido yo el primer sorprendido.

Sin fuerzas para convencerlo, Lombard se volvió de espaldas.

—No... ¿Pero, por quién me toma usted? –exclamó Blove–. ¿Voy a creer que Armstrong u otro cualquiera se lo ha devuelto?

—No tengo la menor idea. Todo parece insensato, esta historia no tiene ni pies ni cabeza.

Blove manifestó su asentimiento.

—Efectivamente, podía haber inventado usted otra mejor.

—Eso prueba que le he dicho la verdad.

—Escúcheme, señor Lombard; si es usted un hombre honrado como pretende serlo...

Philip le interrumpió:

—¿Cuándo he reivindicado ese título de honradez?

Blove continuó imperturbable:

—Si nos ha contado la verdad, no nos queda sino un camino qué tomar. Mientras conserve usted ese revólver, miss Claythorne y yo estamos a merced suya. El único medio de tranquilizarnos es el de guardar el arma con los otros objetos encerrados en el armario. Usted y yo continuaremos teniendo las llaves.

Philip Lombard encendió un cigarrillo.

Lanzó una bocanada y dijo:

—¡No sea usted idiota!

—¿No acepta mi proposición?

—No; ese revólver me pertenece... Lo necesito para defenderme... y me lo guardo.

—En ese caso debemos convenir en que...

—¿En que yo soy U.N.Owen? Piense lo que quiera. Pero si fuera así... ¿por qué no le he matado esta noche con el revólver? He tenido veinte ocasiones para hacerlo.

Blove agachó la cabeza.

—No lo sé, lo confieso –admitió–. Sin duda tendrá usted sus razones.

Vera no había tomado la menor parte en esta discusión. Por ultimo, medió entre ambos.

—Se comportan ustedes como dos idiotas.

—¿Por qué? –preguntó mirándola Lombard.

—¿Olvidan ustedes la canción de cuna?

Y con voz en la que la malicia se recalcaba, recitó:

Cuatro negritos fueron a nadar.
Uno de ellos se ahogó y quedaron:
Tres.

Miss Claythorne continuó:

—Armstrong no ha muerto. Se ha llevado el negrito de porcelana para hacer creer en su muerte. Usted dirá lo que quiera... pero yo sostengo que Armstrong aún está en la isla. Su desaparición no es más que una estratagema para desviar nuestras sospechas.

—Quizá tenga usted razón –le dijo Lombard, sentándose.

—Su argumentación es muy sutil, pero... –objetó Blove–, ¿dónde se ha refugiado nuestro hombre? Hemos registrado la isla en todos sentidos.

—Ustedes también buscaron por todas partes para encontrar el revólver... sin resultado –repuso desdeñosamente miss Claythorne–. Sin embargo, el arma no ha desaparecido de la isla.

—¡Caramba! –murmuró Lombard–. Hay una gran diferencia de tamaño entre un revólver y un hombre.

—Poco importa –repitió Vera–, tengo la seguridad de no equivocarme.

—Nuestro hombre se ha traicionado en esta canción, hubiera podido modificar algo –observó Blove.

—¿No se dan cuenta de que tratamos con un loco? Es insensato el cometer crímenes siguiendo las estrofas de una canción de cuna. El hecho de disfrazar al juez con una cortina roja, de matar a Rogers en el momento en que cortaba leña, de envenenar a mistress Rogers para que no se despertase más, de poner una abeja en la habitación, cuando miss Brent estaba muerta, creo que no son sino crueles juegos de niños. ¡Es preciso que todo concuerde!

—En efecto –aprobó Blove. Tras reflexionar un minuto, siguió diciendo–: En este caso la isla no tiene una colección zoológica para ajustarse a la estrofa siguiente. Tendrá que buscarla para conseguir sus fines.

—¡Ustedes son unos idiotas! –les gritó Vera–. *El zoo*, la colección zoológica... ¡somos nosotros! Ayer noche no teníamos nada de seres humanos, se lo aseguro... ¡Nosotros formamos el parque zoológico!

Pasaron la mañana sobre las rocas del acantilado dirigiendo por todas partes, con un espejo, los rayos de sol hacia la costa. Nadie parecía ver sus señales; en todo caso, no respondían. El tiempo era bueno; flotaba una ligera niebla. A sus pies el mar rugía con olas gigantescas.

Ningún barco aparecía en el horizonte.

Hicieron un nuevo registro por la isla sin resultado.

Vera miró hacia la casa y no pudo por menos de exclamar:

—Aquí, al aire libre, estamos mejor que dentro. No deberíamos volver a la casa.

—Su idea es excelente –observó Lombard–. Aquí estamos más seguros, pues vemos si alguien sube y nos quiere atacar.

—Quedémonos, pues –concluyó Vera.

—Me parece muy bien –admitió Blove–. Pero tendremos que volver esta noche a dormir.

—Esta idea me horroriza –dijo Vera, estremeciéndose–. No podría soportar otra noche como la que acabo de pasar.

—No tenga miedo –la consoló Lombard–. En cuanto esté usted encerrada en su cuarto se sentirá segura.

—Quizá si... –murmuró la joven intranquila–. ¡Es muy agradable volver a ver el sol!

«¡Qué raro! –pensó–. Estoy casi contenta y, sin embargo, nos sigue acechando el peligro. Será por el aire que me da fuerzas... y me siento invulnerable a la muerte.»

Blove miró su reloj de pulsera.

—Las dos. ¿Comemos?

—Le repito lo de antes –contestó Vera con obstinación–. No entraré en la casa. Me quedo aquí... respiro a pleno pulmón.

—Vamos, no sea así, miss Claythorne, sea razonable. Hay que tomar algún alimento para sostener nuestras fuerzas.

—La sola idea de otra lata de lengua en conserva me produce náuseas –dijo Vera–. No quiero comer absolutamente nada. Ciertas personas sometidas a régimen pasan a veces muchos días sin probar bocado.

—Pues yo –añadió Blove– tengo que comer tres veces al día. ¿Y usted, Lombard?

—Tampoco me vuelvo loco por la lengua en conserva. Haré compañía a miss Claythorne.

Blove dudaba si marcharse.

—No tema por mí –le propuso Vera–. No pienso que pueda matarme Lombard en cuanto usted vuelva la espalda. Si esto le detiene, váyase tranquilo.

—Si así piensa, peor para usted. Aunque no deberíamos separarnos.

—¿Es absolutamente preciso que entre usted en la guarida de la fiera?

—Le acompañaré si quiere –se ofreció amablemente Lombard.

—No, gracias. Quédese aquí.

Philip se echó a reír.

—¿Todavía sigo dándole miedo, Blove? ¿Pero no comprende que, si tuviese ganas de pegarles un tiro ahora a los dos, nadie podría impedírmelo?

—Si, pero esto sería contrario al programa –observó Blove–. ¿No deberíamos desaparecer de uno en uno y de cierta manera? En el fondo no me siento muy seguro al pensar que estaré solo en la casa...

—¿Y usted quiere que yo le preste mi revólver? No, amigo mío, eso sería demasiado fácil. No se lo presto.

Blove alzó los hombros y bajó la cuesta que conducía a la casa.

—Esto es como la comida de las fieras del zoo... A los animales les gusta comer a horas fijas.

—¿Acaso Blove peligra yendo a la casa? –preguntó Vera inquieta.

—No en el sentido que usted se imagina. Armstrong no tiene armas y, físicamente, Blove es dos veces más fuerte que él... A mi juicio, Armstrong no está en la casa... yo sé que no está...

—Entonces, si Armstrong no es...

—Es Blove, sin duda alguna –le interrumpió Philip.

—¿De veras cree usted eso?

—Escúcheme, querida amiga. Usted ha oído la versión de Blove. Si la tiene por cierta, yo soy inocente en absoluto de la desaparición del doctor. Sus palabras me disculpan, pero no a él. Cuenta haber oído pasos durante la noche y visto a un hombre huir por la puerta de delante, pero todo esto no puede ser sino mentiras. Ha podido desembarazarse de Armstrong sin impedimento alguno dos buenas horas antes.

—¿De qué manera?

Lombard encogió los hombros.

—Lo ignoramos. Pero, si quiere creerme, sólo es temible una persona: ¡Blove...! ¿Qué sabemos nosotros de él? Menos que nada. Probablemente no ha pertenecido nunca a la policía. Puede ser cualquier cosa: un millonario en quiebra... un hombre de negocios chiflado... un loco fugado del manicomio... Un hecho es indiscutible: que él ha podido cometer toda esa serie de crímenes.

Vera palideció.

—¿Y si entretanto... nos ataca? –murmuró suspirando.

Lombard le respondió dulcemente, acariciando en su bolsillo la culata de su revólver:

—Yo vigilo... ¡Tranquila!

Después contempló a la joven con curiosidad.

—Ha puesto usted en mí una confianza absoluta, Vera; por ello me siento profundamente conmovido... ¿Por qué está tan convencida de que no he de matarla?

—Hay que confiar en alguien –respondió Vera–. Creo que se equivoca usted acusando a Blove. Desconfío del doctor. –De repente se volvió hacia su compañero–. ¿No tiene usted la sensación de ser espiado todo el día?

—Eso son los nervios.

—¿Ha sufrido también, pues, esa sensación? –insistió Vera.

Temblorosa, se aproximó más hacia el joven.

—Dígame, ¿no piensa usted...?

Se interrumpió pero, al cabo de un instante, siguió diciendo:

—Una vez leí un libro en que se trataba de dos jueces enviados por el Tribunal Supremo a un pueblecito de América, para impartir justicia... justicia absoluta. Aquellos magistrados venían de un mundo sobrenatural...

Lombard enarcó las espesas cejas y, burlándose, la interrumpió.

—¡No me diga que bajaban del cielo! No creo en lo sobrenatural. Nuestro problema es bien humano.

—En algún momento lo dudo.

Philip la miró un buen rato.

—Es el remordimiento que la persigue –declaró. Transcurrió un breve silencio, al término del cuál Lombard le preguntó–: Usted dejó que el niño se ahogara, ¿no es cierto?

—¡No, no! –respondió Vera indignada–. ¡Le prohíbo que insinúe tal cosa!

Lombard se puso a reír.

—¡Oh, sí, pequeña! Yo ignoro el motivo, pero adivino un hombre en todo eso.

Una repentina lasitud, un completo abatimiento, abrumaron a la joven, que balbuceó con voz monótona:

—Sí, hubo un hombre...

—Gracias... es todo lo que quería saber.

Vera se puso rígida de pronto y exclamó con voz ahogada por el miedo:

—¿No ha oído, Lombard? Me ha parecido como un temblor de tierra.

—No tanto, pero ha sido algo raro, como una sacudida; hasta me parece haber oído un grito. ¿Y usted, lo oyó también?

Los dos se miraron y volvieron sus ojos hacia la casa.

—El ruido ha venido de ese lado. Vamos a ver qué pasa.

—No, yo no voy –dijo ella.

—Como usted quiera, pero yo voy corriendo para ver lo que ha sucedido.

Contra su voluntad, Vera se resignó y lo siguió.

Los dos llegaron a la casa. La terraza parecía un sitio apacible bajo el sol. Dudaron un instante antes de entrar por la puerta principal y dieron la vuelta a la casa prudentemente.

Descubrieron a Blove tendido con los brazos en cruz, sobre la terraza orientada al este. La cabeza la tenía aplastada por un enorme bloque de mármol blanco.

—¿Quién ocupaba la habitación que hay encima mismo? – preguntó él.

—Yo... –declaró Vera–, y reconozco el reloj de mármol que estaba en mi cuarto sobre la chimenea... tenía la forma de un oso. –Y repitió excitada–: *¡Tenía la forma de un oso!*

Philip la cogió por los hombros y con voz ronca de cólera le dijo:

—Ahora estamos seguros de que el doctor se oculta en algún sitio. ¡Esta vez no se me escapará!

Vera lo retuvo.

—¡No se impaciente, por favor! –exclamó–. Ahora somos los siguientes, y lo que quiere es que vayamos en su busca. Cuenta con ello.

—Quizá tenga usted razón –dijo Lombard, cambiando de opinión.

—En este caso, no me he equivocado; ya le decía que el doctor era culpable.

—¡Si es materialmente imposible! Blove y yo hemos registrado toda la isla palmo a palmo y luego la casa. Hemos escudriñado todos los rincones y le juro que no hay sitio para ocultarse. ¡Es para volverse loco!

—Ustedes han debido equivocarse.

—Quisiera asegurarme.

—¿Usted quiere asegurarse? Eso es precisamente lo que él espera. No le acepte esa emboscada...

—No olvide que tengo un revólver –dijo Lombard, sacándoselo del bolsillo.

—Eso decía usted también de Blove, que era más fuerte que el doctor. Pero lo que no tiene usted en cuenta es que se trata de un loco furioso. Y un loco es más peligroso que un ser normal. Desarrolla dos veces más astucia y fuerza que nosotros.

—Bueno, quedémonos aquí –Lombard volvió a guardarse el revólver.

—¿Qué vamos a hacer cuando llegue la noche? Vera no respondió.

—No pensemos en eso –prosiguió Lombard.

—¿Qué nos pasará? ¡Dios mío, le tengo miedo! –repetía desesperada y maquinalmente.

—El tiempo es bueno y tendremos luna. Podemos buscar un sitio en el acantilado. Allí pasaremos la noche y, sobre todo, no debemos dormirnos. Montaremos guardia toda la noche y, si sube alguien, lo mataré. –Tras una ligera pausa, añadió–: Claro que usted tendrá más bien frío con ese traje tan ligero.

—¿Frío? Tendré más frío si muero –dijo Vera con una sonrisa forzada. Se levantó y dio algunos pasos, inquieta.

—Voy a volverme loca si me quedo aquí inmóvil. Caminemos un poco.

—Si usted quiere.

Lentamente anduvieron por el acantilado. El sol descendía hacia su ocaso y su luz tomaba suaves tonalidades, envolviéndolos en su manto dorado.

—Lástima que no podamos bañarnos –dijo Vera sonriendo nerviosa.

Philip miraba al mar y, de repente, gritó:

—¿Qué hay ahí abajo? Usted no lo ve... cerca de esa roca... No... un poco más lejos, a la derecha.

Vera miraba fijamente al lugar indicado.

—Diría que es un paquete de ropa.

—¿Entonces es un bañista? ¡Qué extraño! Creo que es un montón de algas.

—Vamos a verlo –propuso ella.

—Es un traje –anunció Lombard cuando se aproximaban–. Mire, se ve un zapato. Venga por aquí.

Ayudándose con pies y manos avanzaron sobre las rocas.

Vera se detuvo bruscamente.

—No son ropas... es un hombre.

El cadáver estaba flotando, preso entre dos piedras, donde la marea lo había lanzado algunas horas antes.

Tras un último esfuerzo, Lombard y Vera llegaron junto al ahogado. Se inclinaron sobre una cara descolorida y lívida... unas facciones tumefactas.

—¡Dios mío! ¡Si es Armstrong! –exclamó Lombard.

Capítulo XVI

Dos siglos habían pasado. El mundo daba vueltas y desaparecía en la nada. El tiempo avanzaba. Millares de generaciones se sucedían.

No, solamente un minuto acaba de pasar. Dos seres humanos estaban de pie, junto a un cadáver, mirándolo constantemente.

Despacio, muy despacio, Vera Claythorne y Philip Lombard levantaron la cabeza y sus miradas se cruzaron.

Lombard se echó a reír.

—¿Y qué dice usted ahora, Vera?

—No hay nadie en la isla, nadie más que nosotros dos – respondió en voz baja.

—Precisamente ahora sabemos a qué atenernos. ¿No es verdad?

—¿Cómo ha podido caerse por la ventana en el momento preciso el oso de mármol?

Lombard alzó los hombros indicando ignorancia.

—Sin duda se trata de un caso de brujería. ¡No dirá que no ha sido muy bien realizado!

De nuevo sus ojos se encontraron.

«¿Cómo no se me habrá ocurrido mirar bien su cara? –pensó–. Parece un lobo... con sus dientes largos y puntiagudos.»

Lombard profirió un gruñido lleno de amenazas.

—Nos encontramos frente a la verdad, y es el final, ¿comprende?

Vera respondió con mucha calma:

—Sí, comprendo.

Su mirada se posó sobre el océano... el general MacArthur también había contemplado el mar durante mucho rato... ¿Cuándo fue...? Ayer nada más... No, fue anteayer. El también pronunció la misma frase: «Esto es el fin...» y la profirió con resignación... hasta con alegría.

Pero Vera se sublevaba ante el recuerdo.

—No, no, esto no será el fin.– Bajó los ojos para mirar el cadáver–. ¡Pobre doctor Armstrong! –murmuró

—¿Qué significa eso ahora? ¿Piedad? –se mofó Lombard.

—¿Por qué no? –replicó Vera–. ¿Usted no siente piedad por nadie?

—En todo caso, no la tengo por usted. ¡Ni se lo piense!

La joven se inclinó sobre el cadáver.

—Hay que llevarlo dentro.

—En compañía de los demás... Así todo estará en orden –dijo Lombard con ironía–. Yo no lo tocaré. Se puede quedar aquí.

—Lo menos que podemos hacer es subirlo un poco más sobre las rocas, fuera del alcance de las olas de la marea alta, para que no se lo lleven.

Lombard se echó a reír.

—¡Bueno!

Se inclinó y tiró del cuerpo de él. Vera, para ayudarlo, se apoyó en su compañero.

Consiguieron, tras grandes esfuerzos, sacar el cuerpo y subirlo a un nivel superior sobre las rocas, al abrigo de las olas.

Lombard se enderezó.

—Estará usted satisfecha, ¿no? –dijo.

—Sí, mucho.

El tono de voz que empleó hizo volverse a Lombard. Cuando llevó la mano al bolsillo donde tenía el revólver, lo notó vacío.

Vera había retrocedido dos pasos y tenía el revólver en su mano.

Lombard dijo con aire burlón:

—¿Es por eso por lo que quería ser piadosa? ¿Se propuso robarme el revólver?

Vera asintió con la cabeza, pero su mano sujetaba con firmeza la pistola.

Ahora rondaba la muerte alrededor de Lombard. Jamás la sintió tan cerca. Sin embargo, no se dio por vencido. Con voz autoritaria le ordenó:

—Devuélvame el revólver.

Vera, a su vez, se echó a reír.

—Ande, devuélvamelo –insistió Lombard.

Su cerebro funcionaba con lucidez. ¿Qué haría?

¿Hablaría cariñosamente a Vera para desvanecer sus temores o se lo quitaría por sorpresa?

Toda su vida había escogido el riesgo. Esta vez también adoptó su método favorito.

Con calma, decidió emplear argumentos convincentes.

—Escúcheme, querida amiga, escuche bien... –le susurró.

En ese momento se abalanzó sobre ella... tan rápido como una pantera...

Instintivamente Vera apretó el gatillo.

El cuerpo del joven, herido en pleno salto, cayó pesadamente sobre las rocas.

Vera se acercó revólver en mano, dispuesta a tirar por segunda vez.

Pero esta precaución fue inútil.

Philip Lombard estaba muerto... de una bala en el corazón.

Vera experimentó un delicioso alivio.

Su pesadilla desaparecía al fin. No tenía que temer nada más y sus nervios se tranquilizarían.

Estaba sola en la isla. ¡Sola con nueve cadáveres...! ¡Qué le importaba! ¿No estaba ella viva?

Sentada sobre las rocas, disfrutaba de una felicidad absoluta. Una serenidad perfecta... ¡Nada qué temer!

Cuando el sol se puso, Vera se decidió a entrar en la casa. Su reacción la había hasta entonces paralizado, pues todos sus pensamientos estaban concentrados en esa sensación reconfortante de seguridad...

De momento sentía necesidad de comer y de dormir. Deseaba sobre todo echarse sobre la cama y sumergirse en un profundo sueño... durante horas y horas.

Mañana podrían venir a socorrerla. Pero no se inquietaba, pues quería quedarse en la isla ahora que estaba sola.

¡Oh! ¡Cómo saboreaba esta paz tan deseada! Se levantó y volvió los ojos hacia la casa. ¡No tener miedo! Esta casa moderna y elegante no le inspiraba ya terror alguno. Unas cuantas horas antes no podía mirarla sin temblar.

¡El miedo! ¡Qué cosa más rara!

Entre tanto, ella había dominado todos sus temores. Había triunfado. Gracias a su presencia de ánimo y a su sangre fría se cambiaron los papeles y aplastó al que amenazaba con arrebatar su vida.

Vera se dirigió hacia la casa.

Por occidente el cielo se estriaba en bandas rojas y anaranjadas. Todo en la Naturaleza respiraba belleza y paz.

«¡Quizás esto no sea sino un mal sueño!», pensó.

Se sentía cansada, terriblemente cansada. Le dolía el cuerpo; sus párpados se cerraban.. no temer más a nadie... dormir... dormir... ¡Oh, dormir!

¡Dormir tranquila, ya que estaba sola en la isla!

Un negrito se encontraba solo.

Entró en la casa por la puerta principal. Todo

estaba en calma. Antes, hubiese dudado de dormir en una casa donde en cada cuarto había un cadáver. Pero ahora...

¿Iría ante todo a la cocina a comer algo? Dudó un instante y renunció. No podía, su cansancio era muy grande. Pero antes de subir entró en el comedor y vio que quedaban aún tres negritos de porcelana en el centro de la mesa.

Se echó a reír.

—Me parece que os habéis retrasado, mis pequeños amigos – dijo.

Cogió dos y los tiró por la ventana. Se rompieron en la terraza; recogiendo al tercero le habló así:

—Ven conmigo, pequeño. Hemos ganado la partida... ¡La hemos ganado!

El vestíbulo no estaba iluminado más que por la débil luz del crepúsculo. Subió las escaleras despacio, con el negrito en su mano. El cansancio entorpecía sus pasos.

Un negrito se encontraba solo.

¿Cómo terminaba esa canción? ¡Ah, ya me acuerdo!

Se casó y no quedó ninguno.

¡Casarse! ¡Qué raro! Tuvo nuevamente la impresión de que Hugo estaba en la sala... Sí, Hugo estaba allí, esperándola.

—¡No seas tonta! ¡Estás fatigada! Tu cabeza ve visiones.

Llegada a lo alto de la escalera, Vera dejó escapar de su mano un objeto cuya caída fue amortiguada

por la tupida alfombra. No se percató de que acababa de dejar caer el revólver. No pensaba más que en
el negrito que sujetaba entre sus dedos.

Hugo la esperaba en su cuarto...

Un negrito se encontraba solo.

¿Qué decía, pues, el último verso de la canción de
cuna? ¿Hablaba de matrimonio...? No, no es esto.

Estaba ante la puerta de su propio dormitorio.
Dentro la esperaba Hugo... estaba segura...

Al abrir la puerta dio un grito de sorpresa.

¿Qué es lo que colgaba del techo? Una cuerda
con un nudo corredizo preparado y una silla para
subirse. ¡Una silla que se caería con un simple puntapié...! Era eso lo que quería Hugo.

¡Claro! El final de la canción era:

Se ahorcó, y no quedó ¡Ninguno!

El negrito de porcelana se le cayó de la mano sin
darse cuenta. Vera avanzaba como un autómata.
¡Todo iba a terminar!

¡En este mismo sitio en que una mano húmeda y
helada –la mano de Cyril, naturalmente– le había rozado la garganta!

—Puedes nadar hasta las rocas, Cyril...

¡He ahí lo que fue su crimen! ¡Nada más fácil!

Pero le siguieron la tortura y el remordimiento.

Subió sobre la silla con los ojos bien abiertos y fijos como los de una sonámbula. Se pasó el nudo corredizo alrededor del cuello.

«Hugo estaba esperando a que ella lo hiciese.»

Con un puntapié tiró la silla.

Epílogo

S ir Thomas Legge, subjefe de policía de Scotland Yard, decía enfadado:

—Pero, ¡esa historia es increíble!

—Ya lo sé, jefe –respondió deferente el inspector Maine.

—¡Diez personas muertas y ningún ser viviente en la isla del Negro ¡Eso es absurdo!

—Esto es lo que hemos comprobado –replicó impasible Maine.

—¡Pardiez! Pero alguien debe de haberlas matado.

—Eso es precisamente lo que nos extraña, jefe.

—¿Alguna pista en el informe que ha enviado el médico forense?

—No, jefe. Wargrave y Lombard han sido asesinados de un tiro de revólver. El primero lo recibió en la cabeza y el segundo en el corazón. Miss Brent murió por la absorción de una dosis muy fuerte de cianuro. Mistress Rogers murió envenenada con cloral por una dosis excesiva ingerida como somnífero.

Rogers con la cabeza partida por un hacha. Blove murió a causa del aplastamiento de su cráneo por un bloque de mármol. Armstrong, ahogado. Mac-Arthur sufrió fractura del cráneo por un golpe en la nuca, y Vera Claythorne, ahorcada.

—¡Buen asunto! ¿Y no ha podido obtener alguna información de los habitantes de Sticklehaven? ¡Deben de saber alguna cosa!

El inspector Maine alzó los hombros con aire de duda.

—Es un pueblecito de pescadores. Saben que la isla fue comprada por un tal Owen y eso es todo.

—¿Quién adquiría los víveres y tuvo cuidado del transporte de los invitados?

—Un tal Morris... Isaac Morris.

—¿Y qué dice de todo esto?

—No puede decir nada porque ha muerto.

El semblante de sir Legge se oscureció.

—¿Tenemos datos sobre ese Morris?

—Sí, y no muy buenos. No era un tipo muy recomendable. Estuvo complicado en el asunto Benet hace tres años... Estamos seguros, aunque no tenemos pruebas. También estuvo mezclado en el tráfico de estupefacientes, aunque por ahora tampoco tenemos pruebas. Este Morris era un hombre extremadamente prudente.

—¿Y era él quién compraba todo para la isla del Negro?

—Sí, pero decía hacerlo por cuenta de un tercero, un cliente anónimo.

—Pero si hojeamos sus cuentas podríamos descubrir algo.

—Se ve que no conocía usted a Morris –dijo el inspector sonriendo–. Falsificaba las cifras mejor que un experto contable y no descubrimos nada. Ya sabíamos algo de eso desde el asunto Benet. Debió embrollar las cuentas para que no descubriésemos nada.

El jefe de policía suspiró y Maine prosiguió:

—Morris se cuidaba de todos los detalles con los proveedores, presentándose como representante de mister Owen. Fue él quién explicó a la gente del pueblo que se trataba de una prueba: «Unos amigos han apostado vivir ocho días en una isla desierta.» Había recomendado a los pueblerinos que no hicieran ningún caso de las llamadas que pudieran hacer los visitantes de la isla del Negro.

Descontento, el jefe de policía se removió en su sillón.

—¿Usted quiere hacerme creer que esas gentes nunca sospecharon nada?

—Usted olvida, jefe –respondió Maine–, que la isla del Negro perteneció antes al joven Elmer Robson, el excéntrico millonario americano. Daba recepciones fastuosas. Al principio, los habitantes del pueblo se extrañaban de lo que ocurría en la isla, pero acabaron por acostumbrarse a las extravagancias del millonario. Si reflexiona, esta actitud de los aldeanos es la más natural, jefe.

Éste asintió contrariado.

—Fred Narracott –continuó Maine–, el que condujo los invitados a la isla, me hizo una observación muy significativa. Se extrañó de la clase de invitados de mister Owen. No tenían nada en común con la clase de amigos del joven Robson. Los juzgó tranquilos y tan normales que, a pesar de las órdenes de Morris, se fue a la isla en cuanto oyó hablar de sus SOS.

—¿Cuándo llegaron Narracott y los hombres de usted en su socorro?

—Las señales fueron captadas el día once por la mañana por un grupo de *boy-scouts*. Ese día fue materialmente imposible llegar a la isla a causa del mal estado del mar. Sólo se pudo abordar en la tarde del doce. Todos afirman que nadie pudo salir de la isla antes de la llegada de la embarcación de socorro. Durante la tempestad, el océano estaba enfurecido. Hay una distancia de kilómetro y medio de la isla a la costa, y las olas estallaban fuertemente contra los acantilados. Además, el grupo de *boy-scouts* y de pescadores permanecieron en las rocas mirando la isla y observando los alrededores.

—A propósito –preguntó el subjefe–, ese disco de gramófono que encontró en la casa, ¿no le ha servido de nada?

—Lo he investigado. Fue grabado en un establecimiento especializado en complementos para teatro y cine. Lo enviaron a U.N.Owen, por mediación de mister Isaac Morris, para una pieza teatral que unos aficionados iban a representar por primera vez. El manuscrito fue remitido junto con el disco.

—¿Y qué decía el disco?

—Según las revelaciones emitidas por el gramófono, he hecho una investigación a fondo sobre todos los interesados, empezando por el matrimonio Rogers, que fueron los primeros en llegar a la isla. Estos habían estado sirviendo a una tal miss Brady, que murió de repente. No he podido sacarle gran cosa al doctor que la asistió. Según él, no envenenaron a la vieja, pero cree que murió debido a una negligencia de sus criados. Y añadió que era una cosa imposible de probar.

»Continué con el juez Wargrave. No hay nada que decir de él. Condenó a muerte a Seton, y sabemos que era el culpable, y la prueba más fehaciente la tuvimos después de su muerte. Sin embargo, durante el proceso, la gente creía que era inocente y acusaba al juez de encubrir una venganza personal.

»La joven Claythorne, según mis investigaciones, hacía de institutriz y el niño se ahogó. Nadie dijo que fuese ella la culpable, pues trató de socorrer al pequeño. Se arrojó al mar y fue arrastrada por la corriente, mar adentro, salvándose de milagro.

—Siga, siga –apremió el jefe.

—El doctor Armstrong era un médico de moda de una integridad indiscutible; muy competente en su profesión. Resultó imposible acusarlo de una operación quirúrgica ilegal. Sin embargo, en el año 1925, estaba en el hospital de Leithmore y una mujer llamada Glees fue operada por él de apendicitis y murió en la sala de operaciones. Puede ser que no tuviese aún mucha experiencia... pero no puede calificarse de crimen una torpeza.

»Después viene miss Emily Brent. Tenía a su servicio a una tal Beatriz Taylor. Viendo que la criada estaba embarazada, la echó de casa, y la joven, desesperada, se arrojó al río. El acto de miss Brent no se puede calificar de caritativo, pero tampoco de crimen.

—Por lo que veo –le interrumpió sir Legge–, el rasgo esencial y común a todas las víctimas es que son criminales cuyas faltas escapan a la justicia. Continúe, por favor.

—El joven Marston era un conductor de la peor especie. Por dos veces tuvimos que quitarle el permiso de conducir, aunque debíamos haberlo suspendido definitivamente. Los dos niños, John y Lucy Combes, fueron atropellados por él no lejos de Cambridge. Unos amigos suyos declararon a su favor y se salvó pagando una multa.

»En cuanto al general MacArthur, nada definitivo pesa sobre él. Una brillante hoja de servicios... conducta ejemplar y valiente durante la Gran Guerra. Arthur Richmond servía en Francia bajo sus órdenes y cayó muerto en un ataque. Eran buenos amigos. En esa época las equivocaciones eran corrientes, pues ya sabe usted que muchos oficiales y soldados fueron sacrificados inútilmente... Sin duda, se trató de un caso similar.

»Llegamos a Philip Lombard. Ese hombre había

estado mezclado en muchos escándalos en el extranjero. Una o dos veces rozó la cárcel. Tenía la reputación de un hombre sin escrúpulos. Un tipo que no retrocede ante ciertos crímenes a condición de sentirse al abrigo de las leyes.

»Llegó el turno de Blove. Este pertenecía a nuestra corporación.

—Blove era un sinvergüenza –le interrumpió sir Legge.

—¿Usted lo cree, jefe?

—Siempre lo he juzgado así. Pero sabía salirse bien de los asuntos. Estoy convencido de que fue un perjuro en el asunto de Landor. Su conducta me decepcionó mucho, pero no pude descubrir ninguna prueba contra él. Encargué a Harris que hiciese una investigación y no encontró nada anormal. Pero mi opinión sigue siendo la misma. No era una persona honrada.

Después de una pausa, sir Legge continuó:

—Entonces usted dice que Isaac Morris ha muerto. ¿Cuándo ocurrió?

—Esperaba esta pregunta, jefe. Morris murió durante la noche del ocho de agosto. Tomó una dosis excesiva de somnífero. Nada indica si fue accidente o suicidio.

—¿Quiere usted saber mi opinión? –le preguntó el subjefe.

—Adivino algo, jefe.

—La muerte de Morris parece ocurrir en un momento demasiado oportuno.

El inspector afirmó con la cabeza y dijo:

—También yo opino como usted, jefe.

Sir Thomas Legge dio un puñetazo en la mesa.

—Toda esta historia es absurda, increíble... Es inadmisible que diez personas sean asesinadas en una roca en medio del mar... y que ignoremos quién ha cometido el crimen, en qué circunstancias y con qué motivo.

—Permítame contradecirle, jefe, sobre este último motivo – manifestó Maine–. Sabemos por qué ese hombre ha matado. Seguramente es un loco imbuido de una idea fija: ¡La justicia integral! ¡Se ha molestado en buscar criminales que la justicia ordinaria no pudo castigar! Escogió a diez. Que fuesen culpables o inocentes a nosotros poco nos importa.

—¿Que no nos importa? –interrumpió sir Thomas–. Me parece...

Se interrumpió. El inspector Maine esperaba respetuosamente. Legge bajó la cabeza.

—Continúe, inspector. Durante un minuto he tenido una especie de premonición... creí estar sobre la pista, pero por desgracia se me ha escapado. Continúe, Maine.

—Nuestro maniático reunió en la isla del Negro a diez personas... digamos condenadas a muerte. Fueron ejecutadas por U.N.Owen, quien cumplió su deseo, y se evaporó como el humo.

—Esto será un caso prodigioso de magia, Maine –observó Legge–. Pero seguramente tiene otra explicación.

—Usted sabe, jefe, que si este hombre se encontraba en la isla, no habría podido materialmente abandonarla y, siguiendo las notas escritas por los interesados, este mister Owen no puso los pies jamás en la isla del Negro. Por tanto, sólo nos quedaría una solución viable: ¡Que Owen fuese uno de los diez!

Sir Thomas hizo un gesto de conformidad.

—Ya pensamos sobre ello –continuó Maine–, pero por más que examinamos la situación desde puntos de vista diferentes, seguimos sin saber, en parte, lo que contenía su diario; el juez Wargrave dejó algunas notas... muy breves, en su estilo jurídico, pero claras. Blove también ha dejado algo escrito. Concuerdan sus visiones en algún punto. Las muertes se sucedieron en este orden: Marston, mistress Rogers, MacArthur, Rogers, mis Brent, Wargrave. Después de la muerte del juez, Vera Claythorne escribió en su diario que Armstrong se había ido de la casa por la noche y que Blove y Lombard corrieron en su busca. En el carnet de Blove se lee esta nota: «Armstrong ha desaparecido.»

»Ahora bien, jefe, habida cuenta de todos estos detalles, parecería que pudiésemos encontrar una solución satisfactoria. El doctor se había ahogado, recordémoslo. Supuesto que Armstrong fuese el demente, ¿qué le impidió matar a sus nueve compañeros y tirarse al mar desde lo alto de los acantilados o que intentase llegar a la costa a nado y muriese en la tentativa?

»Esta solución parecería excelente si no adolecíese de un defecto. Hay que tener en cuenta el certificado del médico forense. Desembarcó en la isla el trece de agosto por la mañana. Sus conclusiones no nos han hecho avanzar mucho en la investigación. Todo lo que nos ha podido aclarar es que esas personas estaban muertas hacía unas treinta y seis horas al menos.

»En lo referente al doctor, ha afirmado categóricamente que el cadáver había estado ocho o diez horas sumergido en el agua antes de ser lanzado contra las rocas. Que es lo mismo que decir que murió ahogado la noche del diez al once, y voy a darle algunos detalles. Hemos descubierto el sitio donde estuvo el cadáver cuando lo llevaron las olas... Quedó apresado entre dos rocas y hemos recogido trozos de tela y cabellos. La marea alta alcanzó el cuerpo el día once, un poco antes del mediodía, hacia las once. Después, la tempestad se calmó y las señales dejadas por la marea siguiente son muy tenues.

»Usted podrá suponer que Armstrong se deshizo de los otros tres antes de tirarse al agua, pero hay todavía algo más: el cadáver del doctor fue arrastrado hasta las rocas *que están por encima de donde llega la marea alta*. Lo encontramos en un sitio inaccesible a las mareas y reposaba estirado sobre las rocas con las ropas intactas. Lo cual nos demuestra que *alguien vivía en la isla después de que Armstrong hubiese muerto*.

Después de una pausa, Maine continuó:

—He aquí la situación el once por la mañana: el doctor ha desaparecido y ahogado. Nos quedan tres personas: Blove, miss Claythorne y Lombard. El cadáver de éste se encuentra cerca de las rocas donde yacía Armstrong, con un tiro en el corazón. A miss Claythorne la encontramos colgada en su cuarto y el cuerpo de Blove en la terraza con la cabeza destrozada por un reloj de mármol que le tiraron seguramente desde una ventana.

—¿A qué habitación pertenecía esa ventana? –preguntó bruscamente el jefe.

—A la de miss Claythorne. Consideremos separadamente cada paso. Primero Lombard. Supongamos que haya tirado el mármol contra Blove, que luego haya ahorcado la joven, y después, se haya dirigido hacia el mar y pegado un tiro.

»Pero en ese caso, ¿quién cogió el revólver? Pues lo hemos encontrado delante de la puerta de la habitación de Wargrave.

—¿Han encontrado huellas digitales?

—Sí, jefe. Las de miss Claythorne.

—Pero, entonces...

—Adivino lo que quiere decir, jefe. Que Vera mató a Lombard, se llevó el revólver a la casa, tiró sobre Blove el bloque de mármol y después se colgó.

»Esta suposición sería admisible hasta cierto punto. En su cuarto, sobre una silla, se encuentran las mismas huellas que en sus zapatos, lo que prueba que subió sobre la silla, pasó la cuerda alrededor de su cuello y tiró la silla de un puntapié.

»Pero, fíjese, jefe. *La silla no estaba caída en el suelo, sino como las demás, junto a la pared*. Luego fue puesta en su sitio después de la muerte de Vera Claythorne por alguien.

»Queda Blove. Si usted me dice que después de haber matado a Lombard y colgado a Vera, salió y se hizo caer encima de su cabeza ese bloque de mármol por algún medio, cuerda u otra cosa, le aseguro, jefe, que no le creería. Un hombre no se mata de esta manera, y menos Blove, que no estaba sediento de justicia. Nosotros le conocíamos bien para poder afirmarlo.

—Estoy de acuerdo con usted –convino sir Thomas Legge.

—En consecuencia, jefe, alguien más debía estar en la isla. Alguien que lo puso todo en orden una vez terminado su trabajo fúnebre. Pero, ¿dónde se ocultaba y cómo se ha ido? Los habitantes de Sticklehaven están absolutamente seguros de que nadie había podido abandonar la isla antes de que se desplazara allí la lancha de salvamento... Pero en ese caso...

—Pero en ese caso... –repitió Legge como un eco, interrumpiéndolo.

Maine suspiró, inclinó la cabeza y se echó hacia delante.

—Pero en ese caso, diga: ¿quién los ha asesinado?

DOCUMENTO MANUSCRITO ENVIADO
A SCOTLAND YARD
POR EL CAPITAN DEL *EHNA JOANA*

«Tengo una naturaleza muy compleja y una imaginación exuberante. Cuando era niño me entusiasmaban las novelas de aventuras y me apasionaba por los relatos marinos en los que un mensaje muy importante se introducía en una botella cerrada que se confiaba a las olas del océano.

»Este procedimiento conserva todavía a mis ojos su romanticismo y es por ello que hoy lo he adoptado. Hay una probabilidad contra ciento de que mi confesión escrita sobre estas páginas y puesta dentro de una botella lanzada al mar esclarezca un día el misterio de los diez cadáveres encontrados en la isla del Negro, y permanecido hasta ahora inexplicable. (¿Puedo vanagloriarme?)

»Desde mi infancia, me he complacido en ver morir o dar yo mismo la muerte. Yo buscaba a las avispas para destruirlas y toda clase de insectos perjudiciales en el jardín de mis padres. Sentía una cierta alegría sádica por matar...

»Por otra parte, sorprendente contradicción, estoy imbuido de un muy elevado sentido de la justicia y me subleva la idea de que un ser inocente pueda sufrir y morir por mi culpa. Siempre he deseado el triunfo del Derecho.

»Una mentalidad como la mía debía guiarme para escoger una profesión, y así entré en Magistratura. Ahí, mis deseos de justicia se desarrollaron y me apliqué concienzudamente al castigo del crimen. Cuanto más avanzaba en mi carrera, y llegué a presidir los Tribunales, menos placer tenía en ver a un inocente en el banquillo de los acusados. Reconozco que, gracias a la habilidad y celo de la policía, la mayor parte de los acusados eran culpables de los crímenes que se les imputaba.

»Ése fue el caso de Edward Seton. Su actitud y sus maneras impresionaron favorablemente al jurado. Pero las pruebas recogidas en el sumario no dejaban ningún resquicio a su culpabilidad. Abusando de la confianza de una vieja, Seton la había asesinado.

»Me he creado la reputación de conducir a la gente al patíbulo con alegría. Nada más falso. Constantemente me esforzaba por respetar la verdad en la exposición final que precede a las deliberaciones del jurado.

»Desde hace algunos años he comprobado en mí un cambio: deseaba actuar más que jugar... quería cometer yo mismo un crimen, deseo comparable, quizás, al esfuerzo de un artista por exteriorizarse.

»Me era necesario cometer un crimen... pero un crimen sensacional... fantástico. Mi sentimiento innato de la justicia intervino en la elección de la víctima; un inocente no debía sufrir. Una idea extraordinaria brotó en mi cerebro en una conversación que tuve por casualidad con un médico. Me hacía observar que muchos crímenes escapan a la justicia y quedan impunes. Citaba como ejemplo el caso de una solterona que acababa de morir. Su cliente tenía a su servicio un matrimonio que le había dejado morir, omitiendo a conciencia darle la medicina prescrita por él. Esos servidores, herederos de una bonita suma, se escaparían a toda acción judicial. No obstante, el médico estaba convencido de su culpabilidad.

»Esa confidencia me abrió nuevas perspectivas insospechadas. Decidí cometer no un solo crimen, sino una serie de ellos. Una canción de cuna de mi niñez volvió a mi espíritu: la canción de los Diez Negritos. Apenas tenía yo diez años y me sorprendió la suerte reservada a esos diez negritos, cuyo número disminuía a cada copla.

»Y me puse en busca de mis víctimas.

»En un sanatorio donde estuve algún tiempo para operarme, una enfermera, inscrita en una sociedad contra el alcoholismo, me cuidaba. Para demostrarme los efectos perniciosos del alcohol, me citaba el caso ocurrido hace muchos años en el hospital de Londres; un médico alcoholizado había matado a una mujer que estaba operando. Yo le pregunté en qué hospital había trabajado y pude documentarme sobre el homicidio por imprudencia que había cometido el doctor Armstrong.

»Una conversación entre dos oficiales retirados, que escuché en mi casino, me puso sobre la pista del general MacArthur. Un individuo, recientemente llegado de las orillas del Amazonas, me reveló las aventuras de un cierto Philip Lombard. La historia puritana de Emily Brent y su desgraciada criada me la contó en la isla de Mallorca un compatriota, indignado con la solterona por su corazón de piedra. En cuanto al inspector Blove, cayó en mis manos cuando unos colegas discutían sobre el juicio de Landor.

»Por último descubrí el caso de Vera Claythorne en una travesía que hice por el Atlántico. A una hora tardía de la noche me encontraba solo en el salón de fumar con un joven distinguido y de facciones agradables; se llamaba Hugo Hamilton. Parecía estar triste y, para ahogar sus penas, bebía mucho. Se hallaba justo en el momento de las confidencias. Sin grandes esperanzas de hacer descubrimientos sensacionales, empecé mi acostumbrado interrogatorio.

»La respuesta del joven me sorprendió y me acuerdo textualmente de sus palabras:

»—Tiene usted razón –me dijo–. El crimen no es siempre lo que uno se imagina de ordinario. Para matar a una persona no es necesario administrarle arsénico o empujarla desde lo alto de un acantilado...

»Se inclinó hacia mí y me miró fijamente.

»—He conocido a una criminal... –prosiguió–... la he conocido muy bien... pues la quería con locura. Algunas veces pienso en ella. Lo más dramático del asunto es que ella cometió el crimen más o menos por mí. Las mujeres son a veces diabólicas. Jamás hubiese creído que esa joven tan amable y cariñosa, en fin, un ángel de dulzura, fuera capaz de enviar un niño a nadar a aquel lugar sabiendo a conciencia que se ahogaría.

»—¿Está usted seguro de que se trató de un crimen? –le repliqué.

»Hugo pareció librarse por un momento de la influencia del alcohol y me dijo:

»—Absolutamente seguro. Nadie más que yo lo pensó, pero en el mismo instante en que la miré, leí la verdad en sus ojos. La culpable comprendió que había visto con claridad su alma. No se dio cuenta de que yo adoraba al pequeño.

»Hugo se calló... pero me fue fácil reconstruir toda la tragedia.

»Me hacía falta una décima víctima. La encontré. Se trataba de un hombre llamado Morris que, entre otras cosas, se dedicaba al tráfico de estupefacientes. Sabía que era culpable de haber iniciado en el uso de las drogas a la hija de un amigo mío. La joven murió a la edad de veintiún años.

»Como consecuencia de una entrevista que tuve con un médico de Harley Street, tomé la resolución de realizar mi idea.

»Antes he dicho que sufrí una operación y el especialista decía que una segunda sería inútil. Comprendí que no podía curarme y que al final llegaría una muerte lenta y dolorosa. Decidí vivir intensamente hasta la hora fatal.

»Me hice propietario de la isla del Negro por intermedio de Morris sin que se descubriese mi personalidad. Según todos los datos recogidos sobre mis futuras víctimas, les tendí el anzuelo apropiado a cada una de ellas y, conforme a mis previsiones, todos desembarcaron el 8 de agosto en la isla del Negro. Yo me mezclé con todos ellos en calidad de invitado.

»La suerte de Morris estaba ya echada de antemano. Como sufría de indigestión, antes de marcharme de Londres le ofrecí una píldora para que la tomase por las noches al acostarse. Le dije que le sentaría muy bien a sus jugos gástricos. La aceptó sin ninguna desconfianza. Lo conocía lo bastante para saber que no dejaría ningún documento comprometedor.

»Con cuidado meticuloso preparé el orden de los crímenes entre mis invitados. Primero desaparecían los menos culpables. De esta forma, los sufrimientos mentales prolongados serían reservados a los más culpables.

»Anthony Marston y la señora Rogers fueron los primeros. Estaba seguro de que la mujer de Rogers había cedido bajo la influencia de su marido, el principal responsable de su crimen.

»Se puede adquirir cianuro potásico para destruir las avispas. Llevé una pequeña dosis que la puse en el vaso de Marston cuando el disco del gramófono sonaba. Sería inútil añadir que, durante esta ocupación, observaba a mis invitados. Mi larga experiencia en los tribunales de justicia me permitió afirmar, sin duda alguna, que todos tenían un crimen sobre su conciencia.

»En mis recientes crisis, muy dolorosas, el médico me recetó una ligera dosis de cloral para dormir. Había suprimido este somnífero y lo guardaba hasta que tuve una cantidad suficiente para poder matar a una persona.

»Cuando Rogers trajo el coñac para su mujer, lo dejó sobre la mesa. En esos momentos, las sospechas no habían nacido en nuestro grupo y me fue muy fácil echarlo en el vaso cuando pasaba al lado de la mesa.

»El general MacArthur murió sin sufrimientos. Escogí el momento oportuno para irme de la terraza y deslizarme sin ruido detrás de él. Como estaba ensimismado en sus pensamientos, no me oyó llegar.

»Tal como lo había previsto, registraron la isla de arriba abajo. Todos convinieron en que no éramos más que siete en la isla, lo que provocó entre ellos un ambiente de sospechas.

»Según el plan trazado, debía procurarme un cómplice cuando las sospechas hubiesen aparecido. Escogí al doctor Armstrong para desempeñar este papel. Todas sus sospechas se dirigían a Lombard y yo pretendí compartir su punto de vista. Le expuse una estratagema con el fin de coger al criminal en la trampa. Armstrong no vio con claridad mi juego.

»El diez de agosto por la mañana maté a Rogers cuando cortaba leña para encender el fuego, golpeándolo por detrás. Rebusqué en sus bolsillos y encontré la llave del comedor que había cerrado por la noche.

»Aprovechando la emoción suscitada por el encuentro del cadáver me deslicé en el cuarto de Lombard y le sustraje el revólver. Sabía que tenía uno, pues según mis instrucciones a Morris, éste debía sugerirle que llevase un arma.

»En el desayuno, al llenar la taza de miss Brent, eché en ella lo que quedaba del cloral. Nos fuimos del comedor todos menos la solterona. Más tarde entré de puntillas en el comedor. Emily Brent parecía inconsciente y me fue muy fácil ponerle una inyección de cianuro. El soltar la abeja me pareció pueril, pero me divirtió. Me esforzaba lo más posible por seguir las estrofas de la canción de cuna.

»Después de la muerte de miss Brent, sugerí que debíamos registrarnos mutuamente y así se hizo minuciosamente. Yo había ocultado en un lugar seguro el revólver y no tenía ya ni cianuro ni cloral. Propuse en seguida al doctor poner en práctica nuestro proyecto. Se trataba solamente de simular mi muerte. A los ojos de los demás –le dije al doctor– debía pasar por la próxima víctima, lo cual haría que el asesino se alarmase y a mí me permitiera ir y venir tranquilamente para espiar al criminal desconocido.

»Esta idea entusiasmó al tonto de Armstrong y me ayudó a prepararlo. Un emplaste de barro colocado en la frente, la cortina escarlata del cuarto de baño y el ovillo de lana de miss Brent eran los accesorios para la decoración. Nos iluminaríamos con velas y el doctor no dejaría acercarse a nadie.

»Todo ocurrió como esperaba. Miss Claythorne dio unos gritos de pánico al contacto con la cuerda de algas. Todos se lanzaron a la escalera y yo me aproveché para tomar la postura de un juez asesinado. El efecto producido sobrepasó todas mis esperanzas. Armstrong desempeñó soberbiamente su papel. Me llevaron a mi cuarto y me dejaron en la cama, no cuidándose ya más de mi persona. Cada uno tenía un miedo indecible a sus compañeros.

»Había dado cita al doctor fuera de la casa a las dos de la madrugada. Lo llevé a lo alto de los acantilados que hay tras la casa, al abrigo de miradas indiscretas –pues las ventanas de las habitaciones daban sobre la fachada–, y desde donde veríamos si venía alguien por nuestro lado.

»De repente lancé una exclamación e invité al doctor a que se acercase al borde para que comprobara que había una cueva más abajo. Sin desconfiar, se inclinó y no tuve más que empujarlo para precipitarlo al mar.

»Volví a la casa y sin duda mis pisadas las oyó Blove. Entré en el cuarto de Armstrong para volver a salir y producir esta vez ruido suficiente para que me oyesen.

»Una puerta se abrió y bajé la escalera. Debieron verme cuando salía. Pasaron uno o dos minutos antes de que los dos hombres se lanzaran a mi captura. Di la vuelta a la casa y entré por la ventana del comedor, que había dejado abierta. Después de cerrarla, rompí el cristal y subí a echarme en mi cama «para hacerme el muerto».

»Era fácil prever que de nuevo registrarían la casa para ver si en ella se escondía el doctor, pero sin examinar detenidamente los cadáveres. Lo necesario para asegurarse de que Armstrong no les jugaba una mala pasada al sustituirse por una de las víctimas.

»Olvidaba decir que el revólver lo puse en la mesilla de noche de Lombard. Lo tuve escondido en el armario de la cocina que contenía muchas conservas, dentro de un bote de bizcochos de los que estaban debajo, pues pensaba que no iban a abrirlos todos.

»La cortina, muy bien doblada, la puse debajo del cuadrante persa que recubría el asiento de una de las sillas del salón y la lana en el cojín de la butaca después de haberle hecho una abertura.

»Llegó entonces el momento que esperaba con más ansiedad; quedaban sólo tres personas en la isla, horrorizadas las una de las otras, y podía ocurrir lo peor... una de ellas tenía un revólver.

»Los espiaba desde las ventanas de la casa y, cuando vi a Blove acercarse solo, coloqué el bloque de mármol en el borde de la ventana y lo empujé. Así acabé con Blove.

»Vi cómo Vera Claythorne descargaba el revólver sobre Lombard. Estaba seguro de que esa joven audaz era de la talla de Lombard y sabría enfrentarse con él. Inmediatamente me dispuse a decorar su habitación y esperaba ansiosamente el resultado de esta experiencia psicológica. La tensión nerviosa producida por el homicidio que acababa de realizar, la fuerza hipnótica del ambiente y los remordimientos de su falta, ¿serían suficientes?

»No me engañé. Se ahorcó delante de mis ojos, pues estaba escondido en la oscuridad del armario y seguí todos sus movimientos.

»Y ahora llego al último acto del drama. Salí de mi escondite y quité la silla, poniéndola junto a la pared, cogí el revólver que la joven había dejado caer en la escalera, teniendo cuidado de no borrar sus huellas digitales...

»Ha terminado mi misión, voy a introducir estas páginas en una botella y confiarla al mar. ¿Por qué?

»Ambicionaba cometer un crimen misterioso que dejase al autor en el anonimato. Pero todos los artistas tienen sed de gloria. También yo siento esa necesidad de dar a conocer a mis semejantes mi astucia y mi ingenio haciendo esta confesión.

»Conservo la esperanza de que el misterio de la isla del Negro continúe insoluble. Puede ser que la policía demuestre más inteligencia de la que creo. No tendría nada de extraordinario que sacasen la consecuencia de que uno de los diez cadáveres no ha sido asesinado. Además, la señal que dejará en mi frente la bala del revólver, ¿no es el signo de Caín?

«Me queda poco que decir. Después de haber

lanzado la botella al mar, subiré a mi cuarto y mecharé en la cama. A mis gafas estará atado un cordón elástico negro. Con todo mi peso me apoyaré en mis lentes, que estarán debajo de mí... y pondré el revólver al otro extremo del cordón, enrollado en el pomo de la puerta.

»Pasará lo siguiente: mi mano, protegida por el pañuelo, habiendo apretado el gatillo, caerá sobre mi cuerpo. El revólver lanzado por el cordón elástico saltará hasta el pasillo y el pañuelo en el suelo no despertará sospechas.

»Me verán tumbado en la cama con una bala en la cabeza, lo mismo que dicen las notas de mis compañeros. Cuando descubran nuestros cadáveres, será imposible determinar la hora de nuestra muerte.

»Cuando se calme la marejada, vendrán en nuestro socorro. Encontrarán sobre la isla del Negro diez cadáveres y un problema indescifrable.»

LAWRENCE WARGRAVE